爱情心理学

流淌在民歌中的爱情智慧

韦志中 著

台海出版社

图书在版编目（CIP）数据

爱情心理学：流淌在民歌中的爱情智慧 / 韦志中著 . -- 北京：台海出版社，2020.10
ISBN 978-7-5168-2753-6

Ⅰ . ①爱… Ⅱ . ①韦… Ⅲ . ①恋爱心理学－通俗读物 Ⅳ . ① C913.1-49

中国版本图书馆 CIP 数据核字（2020）第 178931 号

爱情心理学：流淌在民歌中的爱情智慧

著　　者：韦志中

出 版 人：蔡　旭
责任编辑：赵旭雯

出版发行：台海出版社
地　　址：北京市东城区景山东街 20 号　邮政编码：100009
电　　话：010 — 64041652（发行，邮购）
传　　真：010 — 84045799（总编室）
网　　址：www.taimeng.org.cn/thcbs/default.htm
电子邮箱：thcbs@126.com

经　　销：全国各地新华书店
印　　刷：天津旭非印刷有限公司
本书如有破损、缺页、装订错误，请与本社联系调换

开　　本：880 毫米 ×1230 毫米　1/32
字　　数：155 千字　　　　　　　印　张：7.5
版　　次：2020 年 10 月第 1 版　　印　次：2021 年 1 月第 1 次印刷
书　　号：ISBN 978-7-5168-2753-6

定　　价：59.80 元

版权所有　侵权必究

前　言

我们每个人，都不只是自己一个人，而是人类集体文化的继承者。文化承载着人类生存和发展的力量，积淀着人类多种多样的、适宜于生存发展的心理能力。人类进化数十万年以来，在与自然互动的过程中，形成了自己的生存、生产、生活方式，并且不断向前发展着、进步着。如果我们可以有一座内视望远镜望向人类历史的星空，去看一看过去的人们是怎样想问题的，有着怎样的感受，有着怎样的心理过程，我们就可以依稀看见这些悠久的文化是如何塑造我们的集体无意识，如何影响着我们继续今天的生活。因为我们身上有文化基因，所以，我们就无法不去关注文化赋予了我们怎样的心理营养，让我们可以一直存活到今天，并有力量继续活下去，有勇气去追求幸福的人生，有动力去不断追寻生命的新高度。

作为人类最重要的积极情感之一——爱情，是人类有文明记载以来一直被歌颂的主题。时代进步到今天，恋爱自由，婚姻自主。为匹配这样的时代，我们的心理能力也应该升级了。爱情不应再是被情感和情绪驱使的被动体验过程，而应是我们越来越懂爱情智慧之后的主动享受，并且是高品质的享受。

我们能够看到，今天的人们，在面对爱情时，存在着许多的心理困境。人们在谈到爱情时，往往其情感体验很深刻，但对于爱情的认知又很浅显。人们对爱情有一种摸不着头脑的迷惘，对得到与失去的原因都不是那么清楚，对于得到了如何维系也存在着许多的困惑，对于得到了又逐渐厌倦也会感受到许多的痛苦。人们对于爱情存在着许多消极的认知，这让我感受到大家对于经营爱情和婚姻的知识与智慧有着特别迫切的需要。

我们在面对爱情和婚姻的时候，怎样才能找到美好？我们要从文化中的积极心理力量中去寻找，找到我们在亲密关系中感受美好、创造美好的能力。文化带来的积极心理力量，似海一样激荡着我们的内心。我们在爱情里、在婚姻里，价值观的选择、态度的选择、言语行为的选择，依然会受到文化里面层层动力的影响。然而，我们在意识层面感受到的依然太少。这就需要我们在学习历史文化的过程中，看见我们在集体无意识里面的深层心理力量，把这些力量释放出来，来帮助我们更好地经营爱情和婚姻。

在中国五千年的历史文化中，在我们国家幅员辽阔的土地上，在亿万人民的心里，流淌着许许多多美丽动人的爱情民歌。这些民歌，是劳动人民自发创造的，是人们集体文化中对爱情的认知、思考和艺术表达，是人们共通的爱情语言，是人们集体的爱情心理和需要的体现，凝结着多样的爱情智慧，经艺术家的采编，成为旋律优美、意境高远、易于传播的艺术作品。如果我们从心理学视角去欣赏这些民歌，就能够看到这里面为我们点亮了一颗颗爱情的智慧之星，能够助我们开启爱情的智慧之心。

2012年，我专程沿着祖国的大西北走了一圈，从西安一路向北到榆林，再往北到鄂尔多斯，一直走到内蒙古河套地区。我在西安听到当地人唱酸曲儿（信天游），在鄂尔多斯听到当地人唱草原民歌，在河套地区听到当地人唱《走西口》……这些原汁原味的歌唱令我感受到人们心中对于爱情的真、善、美的追求。从那时起，我就萌生了研究民歌中的爱情心理智慧的想法。

我发现，人们在生活中创造的原汁原味的声音是非常动人的。比如，我们听到妈妈用剪刀剪布的"梭梭"声，过年时父母准备年夜饭时的"乓乓"声……这些自然的声音就是天籁之音。音乐，就是人们在对这些声音及其蕴含的情感之美的感受与捕捉中逐渐创作出来的。

最早的音乐，就是人类模仿大自然的声音以及劳动过程中的声音。随着人类音乐审美的发展，逐渐形成了天籁、地籁和人籁。《庄子·齐物论》说道"夫天籁者，吹万不同，而使其自己也，咸其自取""地籁则众窍是已……大块噫气，其名为风""人籁则比竹是已"。天籁是自然美，是人类集体在一定时空里的声态选择，受人们的生理、心理尺度影响，在朦胧的理性规范中逐渐形成，并成为音乐发展的基因积淀。人声之美即属于天籁之律的重要组成部分。地籁与地域风情有关，受当地人文、地理、语言影响而自然形成。我国多民族的地方特色音乐就属于地籁之律，具有显著的地域之美。人籁是用"比竹"的数理音律思维创造的人工音律，具有很高的创新性。

我们今天听到的爱情民歌，就是天籁、地籁、人籁的音律综合体，是人们集体文化中对于爱情之美的感受与探寻的体现。因此，它们具有丰富的审美元素，令人感动，令人共鸣，令人体验到在心灵中层层回荡的美感。令祖国大地亿万人民共鸣的美感，必有其价值观、情感、意义、追求在里面。我们可以从中看到人们的爱情心理世界，结合中国人的心理文化，结合科学心理学的研究成果，就可以提炼出其中的爱情心理学智慧。

在本书中，我就把目前已经探索出的成果呈现出来。我在灿烂的民歌宝库中选出了19首民歌，通过对歌曲的赏析，呈现其中蕴藏的爱情心理学智慧，包括怎样理解两性在爱情中的状态、怎样面对过往的美好爱情、爱情里的真从哪里来、怎样面对青春期的爱情、怎样面对离别、怎样求爱、怎样约会、怎样沟通、爱情有哪些科学阶段、在婚姻中做独立的自己、夫妻一条心、积极爱情心理体验的能力、爱情的巅峰体验、女性思春、婚姻相处模式背后深层的文化动力等，帮助中华儿女在遇见爱情时，能够通过对这些爱情心理学智慧的理解和运用，让爱情之花更鲜妍，让爱情之果更甜美，让爱情之树欣欣向荣。

祝愿每一位读者都能够在爱情中成长，拥有幸福美满的人生！

 目录

在水一方:水做的女人,究竟有多少种变化

爱情,是对理想自我的向往 / 002
水做的女人,美丽多变 / 005
当火王之子,遇见冰仙公主 / 007
当火烤不到冰的时候 / 009

在那遥远的地方:面对过往,唯有珍惜

过往的爱情,难忘的美好 / 014
何以解忧,唯有珍惜 / 016
距离产生美 / 019
珍惜是爱情的心理资本 / 021

三十里铺:人们传唱真正的爱情

敢爱的心,源自生命的真 / 024

去伪存真,是集体文化的选择 / 028
尊重内心的真、善、美 / 030
没有爱情的婚姻是不道德的 / 031
珍惜与贪心 / 033

花儿与少年:青春盛开爱情的花儿

爱情的花儿何时开 / 036
青春发育加速期的生理变化 / 039
面对青春期爱情的科学态度 / 040
青春期性教育 / 043
让心灵之花自由绽放 / 045

十送红军:送别爱人有智慧

积极主动地送别 / 050

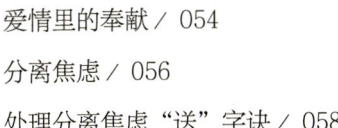

爱情里的奉献 / 054

分离焦虑 / 056

处理分离焦虑"送"字诀 / 058

走西口：珍惜精神的面包

走西口的历史文化 / 064

当今社会的"走西口" / 067

珍惜精神的面包 / 069

当"乱花渐欲迷人眼" / 071

敖包相会：在哪里约会的学问

浪漫爱情的强烈吸引 / 074

约会地点有讲究 / 076

吊桥效应的启示 / 080

六口茶：建立家庭废话机制

爱情里说废话的必要 / 086
说废话的更多好处 / 091

康定情歌：求爱的方法

求爱是人性的自由本能 / 096
求爱的心理资本 / 099
求爱的思维 / 101
求爱的方式 / 103

掀起你的盖头来：在婚姻中做独立的自我

爱情需要神秘感 / 108
独立自我人格的力量 / 114
在婚姻中做独立的自我 / 116

采红菱：夫妻一条心

夫妻贵在一条心 / 120
夫妻同心的文化 / 122
怎样才是一条心 / 123
值得为爱情去努力 / 127

山西开花调：积极爱情心理体验的能力

体验和体验的能力 / 130
开发积极爱情心理体验的能力 / 133
乐观从哪里来 / 139

圪梁梁：思念的理想与现实

思念的表达方式 / 142
思念过程中的"脑补" / 147

让理想与现实融为一体 / 149

想亲亲：爱情的巅峰体验

爱情的美好，源自体验 / 152
《想亲亲》：不顾一切的爱恋 / 155
爱情的巅峰体验 / 158
爱情让我们成为更好的自己 / 160

月牙五更：女性思春

女性思春的表现 / 164
《月牙五更》与五更调 / 165
《月牙五更》中的相思之情 / 167
古代对女性情欲的压制 / 172
加大对女性的关怀 / 174

走婚夜歌：保护爱情的多元文化

未识别民族：摩梭人 / 180

摩梭人的走婚制度 / 181

摩梭民歌：《走婚夜歌》 / 182

尊重文化的多元性 / 186

走婚文化及限制 / 188

走婚制度下的亲子教育 / 189

情姐下河洗衣裳：婚姻模式背后的深层文化动力

婚姻的四种亲密关系模式 / 192

情姐和少年郎为何相互爱慕 / 195

仡佬族的文化与婚姻制度 / 197

谁来主导家庭，由文化因素推动 / 199

关雎：爱情的科学阶段

经营爱情要有阶段意识 / 204

爱情的第一阶段：身心成熟 / 205

案例 / 207

君子 / 209

爱情的第二阶段：相思相念 / 212

爱情的第三阶段：恋爱相伴 / 217

爱情的第四阶段：谈婚论嫁 / 220

小结 / 223

在水一方：
水做的女人，究竟有多少种变化

爱情，是对理想自我的向往

我们每个人，都会对内心理想的爱人有所思考。对方究竟是什么样子的呢？我们可能会列出希望对方拥有着怎样优秀的品格和性格，拥有着怎样的外貌，对我们又会有多好……在这些思考背后，我们所向往的这位理想的爱人，其实是我们内在人格的一部分。

荣格提出，每一个男性化的男人内心深处都有一个女性化的配对，叫作女性原始意象；每一个女性化的女性，其内心深处都有一个男性化的自我，叫作男性原始意象。这些原始意象的基本功能就是引导人们去选择一个爱情对象并建立关系。我们在寻找爱侣的过程，就是把我们的女性原始意象或男性原始意象投射到潜在的对象身上。现实生活中的某个人越符合我们内心的原始意象，我们就越能够强烈地感受到被对方吸引，会对之非常向往。

这种向往，从古至今，人人都有。追溯到古代，《诗经》中这样写道：

《诗经·蒹葭》

蒹葭苍苍，白露为霜。所谓伊人，在水一方。
溯洄从之，道阻且长；溯游从之，宛在水中央。
蒹葭萋萋，白露未晞。所谓伊人，在水之湄。
溯洄从之，道阻且跻；溯游从之，宛在水中坻。

在水一方:水做的女人,究竟有多少种变化

> 蒹葭采采,白露未已,所谓伊人,在水之涘。
> 溯洄从之,道阻且右;溯游从之,宛在水中沚。

《诗经》是中国最早的一部诗歌总集,收集了西周初年至春秋中叶(前11世纪至前6世纪)的诗歌。《诗经》中的诗歌根据乐调的不同,分为风、雅、颂三类。"风"主要是指周朝各地的民间歌谣。"雅"是周王朝的正声雅乐。"颂"是指朝廷和贵族宗庙祭祀的乐歌。《诗经·蒹葭》属于秦风。秦风大都是东周时期今山西关中到甘肃东南部一带的民歌。"蒹葭"是指芦苇。"苍苍""萋萋"和"采采"都是形容芦苇茂盛的样子。"水之湄"是指岸边。"水之涘"是指水边。"水中坻"是指水中小岛。"水之沚"是指水中的小块陆地。"溯洄从之"是指沿着岸向上游走去寻找她。整首诗运用重章叠句,反复吟咏,一唱三叹,描绘出追寻所爱之人却可望而不可即的惆怅又唯美的心境。

很可惜,如今我们听不到古人对这首诗的吟唱了。然而,这首经典且美丽的诗篇注定要在人类爱情的星空中散发恒久耀眼的光芒。1975年,琼瑶为她的电影《在水一方》谱写同名主题歌,引用了《诗经·蒹葭》的歌词,由林家庆作曲。这首歌最初由高凌风、江蕾原唱。1980年,邓丽君翻唱了这首歌并将其收录于同名专辑《在水一方》中。邓丽君婉转、柔情、细腻的歌唱,传达出了对伊人深深向往却又难以追寻的丝丝惆怅。这首歌之所以红透大江南北,能够引起很多人的共鸣,是因为人们心中都有对于理想爱人的向往。

爱情心理学：流淌在民歌中的爱情智慧

《在水一方》

词：琼瑶

曲：林家庆

绿草苍苍，白雾茫茫，
有位佳人，在水一方。
我愿逆流而上，依偎在她身旁，
无奈前有险滩，道路又远又长。
我愿顺流而下，找寻她的方向，
却见依稀仿佛，她在水的中央。
绿草萋萋，白雾迷离，
有位佳人，靠水而居。
我愿逆流而上，与她轻言细语，
无奈前有险滩，道路曲折无已。
我愿顺流而下，找寻她的踪迹，
却见仿佛依稀，她在水中伫立。
绿草苍苍，白雾茫茫，
有位佳人，在水一方。

有位佳人，在水一方。我准备去寻觅她的方向，却发现她在水的中央。就是这种唯美的状态，反映了男女爱情萌生时的心思。其实，在爱情里，太过于表现出来的往往不够美。相反，这种朦

在水一方：水做的女人，究竟有多少种变化

胧又令人深深向往的，藏在心里又不说出来的，往往是非常美的一种体验。每个人心中都有一个关于异性的理想形象。我们沿着这样的一个理想形象一路去追寻，却永远找不到，因为她在水的中央。我们常常把看不见的潜意识部分比喻为水，把心理空间称为"脑海"。这首歌里也提到伊人在水中央。这其实不是巧合，而是人类集体对自我心理的觉察。

所以，我们不得不去思考，在爱情里，男人和女人究竟是怎样一种相互追寻的关系？

水做的女人，美丽多变

我们发现，把女人比作水是非常确切的，因为女人的变化要比男人更多。

水是可以变换成多种形态的。水可以变成云。云朵畅快地在天空中飘飞，转瞬间即可变化出多种形状，是无限自由的。水可以变成雾。雾气蒙蒙，让我们不能琢磨、不能把握。水可以变成霜。在起寒霜的秋冬季节，壮小伙子也会被冻得抓紧添衣。水可以变成冰。一块坚冰是很有力量的。水还可以变成雪，飘飘洒洒，洁白晶莹，又柔如棉被覆盖大地。所以，在男女两性的象征里，女人的象征物是比较多的。就从她的变换来说，她可以自由如云，她可以神秘似雾，她可以冷若寒霜，她可以坚强如冰，她可以柔美似雪。所以，完美的女人往往是这些变化全部具备的。她既具备雾的朦胧神秘，也具备云的潇潇洒洒，也具备霜的高傲冷酷，

又具备冰的坚强勇敢，还具备雪的洁白柔软。

可是，大家想一下，如果说女孩子只具备这其中的一种，你还敢跟她谈恋爱吗？比如说，她就是云，你能跟着云跑吗？你怎么跑得过云？你跟着她跑，腿都跑断了，可能还是追不到她，永远都没有办法靠近她一点点。比如说，她就是雾，你能把雾抓到手里吗？她一辈子都让你琢磨不透，你每天生活在云山雾罩之中，你该怎么办？比如说，她就是霜，你能够和霜去亲吻吗？冷若冰霜，不好相处，你真的有可能会变成"霜打的茄子"。

如果她是冰的话，就很需要男孩子花费一番功夫。我看到很多创伤型的女孩子，她心里有一块坚冰，一直没有信任的能力，一直没有感到安全的能力。你想把她暖化，很难。有一个女孩子，从不乏追求者，她也试图去选择一个相处。但是，每次都是刚刚开始，她就会放弃，连续十几次。最后，我发现这个女孩子内心深处有一个冰冻的自己，有一个没有安全感的内在小女孩。当一个男孩子走近她，她内在的小女孩就会开始敏感地捕捉一些令自己感到不安全的线索，而会忽略对于安全线索的觉察，她会非常害怕，就会给出判断："我看这个人不靠谱，他肯定会伤害我的，他会对我不好的。"而她的外表却是一个亭亭玉立、积极阳光的女孩子。但是，她在恋爱时，内在的小女孩就会跑出来做决定。所以，主导她人生幸福的，其实是她的内在小女孩。

像雪的女孩子，实在是拥有很多很多美好的心理品质和心理能力，那是世间稀有，男孩子就需要具备能够与之相匹配的心理品质和心理能力，才能够和这样的女孩子相处得来，才能共享彼此的人生。

当火王之子，遇见冰仙公主

实际上，人世间的很多美好，都是因为男人和女人的相遇而产生的。世界上很多的不美好，令我们痛苦的事情，也都是男人和女人相遇而产生的。如果说女人是云，是雾，是霜，是冰，是雪，那么男人是什么呢？男人是火，男人是钢，男人是山，男人是太阳。

可是，你认为，冰会希望让火烤它吗？这里面就有一个有意思的情况发生了。如果一个非常好的女孩子，她内心里有一块冰，虽然她是被冰冻了的，她有冷的一面，她有创伤，但是往往这种女孩最令人怜爱，往往这种女孩最有心事，因为她是不会向任何人说出她的心事的。对别人来说，她的美就在于她的冰，就在于她冷冰冰的美。

可是，她最需要的是什么样的男孩子跟她在一起，才能使她的人生更美好呢？她最需要的就是火一般的男孩子，有热量，有能量。冰要去找火。问题来了，她找到了之后，两个人是不是能够在一起，能够和谐相处呢？你说："亲爱的，现在我把你架在我的火上烤一烤。"行吗？她会害怕自己变成水蒸气消失掉。冰最害怕的就是："我如果不把自己冰冻起来，我如果化掉了，我不知道我会变成什么，我会很恐惧。你敢靠近我，那还得了，你要靠近我，我会死的啊！"你的靠近，让她有一种要窒息的感觉。

这种情况，其实是很多男女两性相处中的现状。那把火一烤，那块冰就骂他："你敢对我这样？"我们过去理解一对恋人相互没有爱的能力，就会说他们是刺猬的模式。其实冰火相遇的比喻，比刺猬模式的说法更为深刻。火就是会被冰吸引。人世间的那种难舍难分、凄迷壮观的爱情故事都是一团火遇到了一块冰。就像《冬天里的一把火》的歌词："你就像那冬天里的一把火，熊熊火光，照亮了我。"就是这种意境。

每个人都渴望那种让人生死难忘的爱情。可是谁真的能拥有？那个把自己冰封的女孩子，她的内心非常丰富，从小到大，她一般不会轻易向别人打开她的内心。所以，她心思丰富、敏感。越是冰冻的她，越晶莹剔透。通常这样的女孩子非常聪慧。而有意思的是，她的内心虽然有一块冰，但你不要以为她的外表也是冰的。这是不一定的。有可能是因为内心里有一块冰，她的外表才会很热情。这有点像油炸冰糕，就是一块冰糕外面用面粉包裹着油炸，冒着热气。你以为她很热情，不是的，你跟她一相处，就会发现她内心有一块冰，她其实是冷酷的。所以，火过来就不行。怎么办？这中间就需要有另外的介质。

人世间有很多美丽的爱情，都是因为男的熊熊燃烧，女的冰冻自己。所以，我们可以用一个神话故事来进行理解。传说，有两个神仙家族，一个是火王家族，住在太阳周围，世间所有的寒冷在他们这里都会烟消云散，因为他们具有最大的热量。一个是冰仙家族，住在地球的北极。冰仙家的公主一下山，手拿一把剑，往天上一指，"咔嚓"一声，周围的一切就全部被冻住了。如果

在水一方：水做的女人，究竟有多少种变化

说女孩子就是来自北极，是冰仙家的公主，那么男孩子就是来自太阳周围，是火王的儿子。火王的儿子遇到了冰仙的女儿，就会发生一段传奇。男女两性相处的时候，有时候女孩子就有这样的能力，她会对她心爱的人进行冷冻，男孩子瞬间就被冻住，这时男孩子就会手拿火把吃惊地问："怎么了？她这是怎么了？"不知正在阅读此书的你，有没有过这种经历。你被冻过吗？你被烤过吗？爱情就像把自己被冰冻起来的美好切成一片一片地放在火上烤，烤完之后，你吃一片，我吃一片，然后两个人都说真好！男孩子终于找到适宜的方式让女孩子感觉到温暖、感觉到安全，女孩子终于肯让男孩子温柔地慢慢地烤她，试着把心事向男孩子吐露一点，有一部分坚冰就融化成水了，然后温柔似水，这是真正的幸福。

当火烤不到冰的时候

女孩子其实不怕被温暖。那么，我们刚才说的怕烤是什么意思？怕烤是指害怕在两性关系里会发生很多的冲突，害怕在这些冲突中会有失去自己的危险。越是火与冰，越是容易发生这样的冲突。冰以坚强建立起自己的安全世界。越冰冷，越坚强，这个冰封的世界越是散发着一种令人惊奇的美感。冰是很害怕变成另外一种形态的，因为那样会让自己建构的安全世界忽然消失，却不知前路如何，冰会非常害怕。冰若肯被温暖，必须在一段安全的关系里再次感受到人生的自由、自主，以水的形态幸福着、欢跃着，再次去建构崭新的人生。这就需要火具备非常强大的功力，能够一直有办法帮助冰建立起安全感，并且帮助冰逐步提升这种感受到安全的能力。然而，这在现实相处中不是那么容易办到的。所以，火与冰既相爱又冲突。火满腔热情，冰却会很害怕，两个人在投入感情的速度上存在不匹配。冲突结束之后，两个人又很想靠近彼此，在此刻体验到爱情的动人和珍贵。所以，两个人就一边彼此向往，一边冰火两重天。冰想和火靠在一起，靠在一起时又不想被他烤。所以，冰往往最终很难去接受火的爱，由恋爱步入婚姻。所以，火就有一个问题，如果总是烤不到，最后他会怎么样？火灭了！这不代表他的能量没有了，但是他可能会冒烟。

这股烟是什么？是指有的人在人格上还不够完善，比如有的人自信心匮乏，有的人自尊水平较低，有的人不够独立、没有主见，有的人无法跳出自我、没有换位思考的能力，有的人没有尊重别人的能力……他实际上爱的能力还不够，爱而不得，就可能会做出一些伤害自己或者伤害别人的行为。他有爱的资本，他有那种阳刚能量，但是他的火没能烧起来。没烧起来，这其实也不能都怨他，他有可能是被一碗拔凉的水给泼灭了。这就是一个问题。有的男孩子在还没追求女孩子时，是一个充满活力的小太阳，但是在追女孩子时受挫了，就变成了烧不起来的火把，冒着浓烟。所以，男孩子还是要爱惜自己的能量，适可而止，别把自己熏坏了。今后再遇到更合适的女孩子，你还需要有能量变成暖洋洋的火焰才好。

在水一方：水做的女人，究竟有多少种变化

有的女孩子内在的冰比较多，就需要一把"大火"。那些手持一盏小蜡烛的男孩子，就没法吸引到她。就像在饭店里吃饭，有些菜在锅底放一块酒精燃烧。但是，如果锅里冰块很多，这块酒精就别想把这锅菜给煮熟了。但其实有火就不怕冰，如果你心中有一把熊熊烈火，你还是可以去追。如果你不追，就说明你的火灭了。在后面的章节中，我们还会谈到男孩子怎样追女孩子，女孩子怎样让自己获得幸福。我们一定有办法让火变成真正的能量，带给女孩子爱的滋养。

我通过这种象征的方式，以火和冰，来象征男人和女人，把爱情中的唯美体验展现出来。以我多年研究爱情心理学的经验来看，有太多这样的情况。女孩子会享受冰带来的好处。比如说，她一感觉到不安全，就迅速把自己冰冻起来。冰的特点，就是她有速冻能力。她一感觉不对，就把自己冻上，不再理会任何人了。火都不知道怎么回事，就被她浇灭了。你还不知道怎么回事，她就不理你了。她生着气，你都不知道她为什么生气。这才是最麻烦的，因为她冰冻了，她的嘴也被冻上了，不说话了。

既然《诗经》是唯美的，运用了很多含蓄的表达方式，那么我在这里也运用含蓄和唯美的方式，来描述男人和女人之间相互追寻的关系。一些还在爱中挣扎的痴男怨女，看到这里就会解惑了，爱情中的痛楚，是可以从自己身上去找原因的。火要从自己身上找原因，为什么自己还没有把她融化掉？你可能是团冒烟的火，你还没有办法让她真实地感受到你的温暖。你不要觉得你在烤别人，别人就应该感谢你。你烤她，她如果不舒服，你就要用

让她舒服的方式去表达你的爱,释放你带给她的能量,这才是最重要的。冰也是一样的,要从自己身上找原因,为什么自己还没有温柔如水?内心的那块冰,究竟是从哪里来的?是否还要让它继续冻在那里,阻碍你去体验爱情的幸福?

参考文献

1.[美]Jerry M. Burger.人格心理学(第八版)[M].北京:中国轻工业出版社,2015:107-108.

2.王秀梅译注.诗经(中华经典名著全本全注全译丛书)[M].北京:中华书局,2015:252-254.

3.郭薇.不同依恋类型恋爱受挫者的注意偏向[D].西南大学,2012.

在那遥远的地方…

面对过往，唯有珍惜

过往的爱情,难忘的美好

有些爱情虽然美好,但两个人却没能走到一起,而是在心中永远留下了一份美丽的记忆。面对这份过往的爱情,人们会有不同的处理方式。有的人会把它封存在内心一个珍贵的地方,放置在过往的时光长河里,作为永恒的纪念,但是不会让它来影响现在的生活。这是一种珍惜的能力。这份珍惜里,饱含着对过往所爱之人的尊重。而因为界限分明,对今天的生活,也怀有一份尊重和珍惜。

这种珍惜的能力,在西部歌王王洛宾创作的《在那遥远的地方》这首脍炙人口的民歌中得到了充分的体现。1939 年,王洛宾应郑君里先生邀请,到青海藏族牧区去拍摄纪录片《祖国万岁》。王洛宾扮演帮工,当地藏族千户的女儿卓玛扮演牧羊女。在三天的拍摄时间里,王洛宾与卓玛逐渐熟悉起来。他们一起策马在草原上,王洛宾看着卓玛美丽的身影,心中一动,拿起鞭子打在卓玛骑的马身上,马受了惊,一下子跑出去好远,同时受惊的卓玛转身用她那乌黑明亮的大眼睛娇嗔地瞪了王洛宾一眼,低头羞涩地一笑继续骑着马前行。王洛宾得意地笑着,打着马走到了前面。趁王洛宾没提防,卓玛忽然从后面甩起鞭子"啪"的一声轻轻地打在了王洛宾的背上,甜甜地一笑,继续打马远去。王洛宾痴痴地望着远去的卓玛,轻抚着被卓玛的鞭子打过的地方。第二天,王洛宾要离开金银滩回去了,卓玛骑着马送了一程又一程,两人

在那遥远的地方：面对过往，唯有珍惜

默默无语。直到跨过了一座小山坡，王洛宾劝卓玛说别送了时，看到卓玛粉红的脸颊上已挂着一串晶莹的泪珠。从此，卓玛成了王洛宾心中理想的爱情对象，即使他们没有走到一起。王洛宾把对卓玛的想念升华成了永恒的音乐，写下了《在那遥远的地方》。在王洛宾离开这个世界之后，这首歌被铭刻在了他的墓碑上。

《在那遥远的地方》

词：王洛宾

曲：王洛宾

在那遥远的地方，有位好姑娘，
人们走过了她的帐房，
都要回头留恋地张望。

她那粉红的笑脸，好像红太阳，
她那美丽动人的眼睛，
好像晚上明媚的月亮。

我愿抛弃了财产，跟她去放羊，
每天看着她动人的眼睛
和那美丽金边的衣裳。

我愿做一只小羊，跟在她身旁，

我愿她拿着细细的皮鞭，

不断轻轻打在我身上。

王洛宾曾对友人说，歌词中"每天看着那粉红的小脸和那美丽金边的衣裳"是他怀念卓玛心情的写照。镶金边的袍子是藏族妇女的服饰，是属于卓玛的独特标志。

王洛宾把音乐和爱情当作自己的信仰。音乐和爱情是他这一生中所追求的最重要的两件事。王洛宾一生在自由的时光里，奔走在祖国西北部，收集着民歌，创作着民歌。他发现许多平常人美丽的心灵，并创作了许多歌曲。在生命的临终之际，他依然躺在病床上写歌。而他的歌，透着明亮，透着欢快，透着豁达，散发着对这个世界无尽的爱。王洛宾这种将境遇升华的能力，是非常珍贵的，也因此成就了一位伟大的人民音乐艺术家，被世界永远铭记。

何以解忧，唯有珍惜

我想，是不是在很多人的心中，都有一种"在那遥远的地方有位好姑娘"的心境呢？在那遥远的地方，有一个理想的爱人，有一个内心向往的自我。人人都经历过青春年少，那么，你有没有把这份感情升华呢？

我在做咨询的时候，有一些来访者就会问："我碰到了以前的初恋，他向我表白了，那么我应不应该去接受？"或是问："我碰到了老同学,我感到自己对她旧情复燃了,我要不要去找她,看看有没有可能跟她在一起?"

这种心态就叫作:牵着老同学的手,后悔当初没下手!

然而,实际上,唯有珍惜,让过去就停留在过去,才能让过去变得美好。这也是王洛宾先生《在那遥远的地方》带给我们的启示。

我们来想一想,假如有一男一女,他们曾经相恋过,经过多年后,再次相遇,打算重温旧情,会怎么样?很有可能发生的一种情况就是:物是人非,相伴一两天,恶心大半年!

为什么会这样?我们从体验的角度来看,一个人所有的快乐、悲伤、幸福、不幸的感受,都源自我们的体验,而不是发生的那件事情本身。发生的事情是一个外在的引子,而实际上经过我们体验之后,每个人的感受是不同的。为什么当初爱情的体验那么浓烈呢?因为,那时我们身上能分泌出来的荷尔蒙太多了,只要有外部情境的刺激,我们内部分泌出来的这种激情浪漫的爱情体验就很多。而我们一旦分泌出这种爱情体验,从生理的角度、从心理的角度、从社会心理进化的角度来说,都是可以产生很多这种美妙动人、世间独有、万分珍惜的感受的。然而,时过境迁,物是人已非。当初发生过的浪漫情节,如今再体验一遍,会发现没有那种感觉了。一个老头和一个18岁的少年,被抽一鞭子的反应是不一样的。经历可以重现,但是体验不能重来。即使你再有这样的经历,你也不可能产生过去那样的体验了。旧情可以重燃,体验不可再造。

两个人一旦建立新的体验，发现对方并非自己心中一直镌刻的那般美好，感受变了，过去的美好就没有了。虽然过去的遗憾看似弥补了，但是心里面会从此留下创伤。这样还不如怀念。

有的朋友在曾经和初恋相处时，很崇拜对方，自己的内心是自卑的。如今希望通过和对方重温旧情，疗愈一下过去的自卑，结果可能会发现自己更加自卑了，因为你可能会在对方面前暴露出更多的缺点，比如你身体上某些不太美的部位，你生活中某些不太雅观的样子……过后你可能会更加自卑，会感到后悔。更何况你可能已经为人妻、为人母，或者为人夫、为人父。从内心来讲，人们是有社会道德良知的，这会带给你更大的压力。

我在做婚姻爱情心理辅导的时候发现，所有把过去的情感，把那些美好的记忆，弄得千疮百孔，最后把生活变得乱七八糟的来访者，都是因为缺少了一项爱情心理品质，这种心理品质就是珍惜。因为没有珍惜，原来的美好也变成了不美好。有些来访者就是因为"有一个遥远的地方"在他心中放不下，不能珍惜，不能升华，本来是幸福的经历，却变成了他实现下一段幸福的障碍。所以，还是要潇洒一些。

面对过去爱情的美好，何以解忧？唯有珍惜。珍惜就包含了尊重，包含了放手，包含了自尊、自爱，就不会再拿自己去做一些错误的尝试。珍惜就会产生思想上的升华，就会把过去的经历变成唯美的记忆，就会成为你内在的一种正能量。

我们可以学习王洛宾先生，运用艺术表达，把曾经的情感进行呈现、转换和升华。我们也可以为这段感情写一首诗，写一首歌，作一幅画，写成一个故事，等等，这些艺术表达的方式都是可以的。在创作的过程中，过去这段感情经历的美好就会呈现出来，接着就会在心理上发生意义层面的转换，然后就会产生意义的升华。普通人可能没有很高的艺术造诣，担心自己的作品很一般，但是没有关系，因为这是我们内心的一个仪式，是属于我们自己的心路历程，对于我们自己来说，是美好的，就可以了。面对生命中的遗憾，面对一段刻骨铭心却没能继续走下去的爱情，这种升华的能力是很有必要的。经过升华，这份记忆就会变成我们生命的营养，变成人生的动力。

距离产生美

我们再来讲一个话题，就是在这段美好的爱情之后，两个人之间因距离产生的美。

距离当然包括物理上的距离，但更多是指心理的距离。我们永远不要活在那个过去的空间里。我们活在自己的空间里，而过去发生的那些体验是在另外一个空间里，两个空间之间有一段距离，这段距离就会产生美。这种美是一种脑补出来的美，因为我们再回不到过去那个空间了。王洛宾的《在那遥远的地方》，就做到了"距离产生美"，他没有活在那个记忆中的草原上。

为什么再婚家庭难以建设？这里面就有一个问题，凡是丧偶的家庭，再婚时遇到的问题都是，新的爱人要和对方之前的妻子或者丈夫去比较、去斗争，因为那个人活在了对方脑补的世界里。

对方越怀念以往的爱人,以往的爱人在其心中就越理想化。现实中,新的爱人就相当于在和一个在虚拟世界里永远比自己厉害的人对比。所以,你不要试图和人家理想化的那个爱情对象去较量,因为那永远是徒劳无功的。你只能做你自己,只能扮演自己的角色,不能扮演对方以往的爱人的角色。你一定要提醒你的爱人,说我是谁,而不是你的前妻,不是你的前夫。所以,我们说的距离产生美,就提醒着我们,一定不要进入对方以前的那个情境中去,而是要活在当下。我们在心理工作中,所谓的危机干预,做未完成事件的处理,就是把一个人从过去的情境体验带回到当下的情境里面。

距离产生美,这段距离首先是你在你的世界,他在他的世界,你们之间才会有段距离。如果你还在他的世界,你就是活在过去,怎么会有距离呢?没有美,就是因为没有距离。这段距离就是我们此时此刻和许多年前的距离,就是我们现在的生活环境和过去那段爱情发生的环境的距离。

距离产生美还有一种表现就是"小别胜新婚"。短暂的别离过程中,外在的物理环境,内在的生理、心理都会发生变化,再回来的时候,心理上就会感觉到不同了。两个人会有一种重新开始恋爱的感觉。

我们由此看到,距离的存在是很有意义的。昨天之所以美好,就是因为昨天始终在昨天。今天之所以美好,就是因为和昨天有了距离。

珍惜是爱情的心理资本

珍惜的能力源自我们人性中的真、善、美。王洛宾的珍惜能力就源于他的"赤子之心"没有被掩藏起来。他是一个非常真诚的人。他就是这么的"直"。《孟子》中谈到,公孙丑问孟子"敢问何为浩然之气",孟子曰:"难言也。其为气也,至大至刚,以直养而无害,则塞于天地之间。"这个"直"就是真诚,是善良,是单纯,体现在爱情中就是能够珍惜。因为珍惜,所以别离后不急着从脑海中抹去,而是升华为美好的记忆。因为珍惜,所以不去执着于得到或失去,而是充分考虑对方和自己在一起能否幸福。因为珍惜,所以拥有会感激,不拥有也会感激。

珍惜是爱情的心理资本。爱情之所以美好,就是因为有珍惜的能力。

有珍惜的能力,爱情里的很多经历都是美好的。

我在年少的时候,有一次,翻墙到我一位女同学的宿舍里去。那天晚上,天黑了,我从校园的围墙爬墙上去。墙的一边是教室,另一边是宿舍,中间是一个胡同。我翻墙过来,一下跳到了树叶子上面,居然踩到了一坨大便,正好这时候这位女同学的哥哥正在向她的宿舍走去。那时候是小平房,不是楼房,我也不敢动,一动树叶子就会响,他就会知道有人,因为那个时候周围很静。所以,我踩在这坨大便上有二三十分钟,直到她哥哥跟她说完话走了,我才起来把我鞋上面的大便擦干净,然后才去找女同学。

我还曾跟我的同学一起跑去追他的女朋友，爬人家的柴火堆，只有爬到那个高高的柴火堆上面，才能够翻过那个女孩家的墙。我们就蹲在那个柴火堆上面待了大半夜，他去那个女孩子的房间里约会，我们就在柴火堆上等他。

这些尴尬甚至出格的经历是我们年少时最美好的时光。谁没有？人人都有。我们有这种纯真，而这些纯真美好的经历值得我们珍惜。所以，爱情需要珍惜，爱情需要升华，爱情需要我们认真去对待。这样才会有《在那遥远的地方》。

参考文献

1. 董长晓.为歌而生：王洛宾歌曲背后的故事[M].北京：人民日报出版社,2013:39-41,71-72,82-83,111,249.

2. 杜亚雄.何谓"民歌"：兼谈《在那遥远的地方》产生的过程[J].黄钟,2004(3):16-21.

3. 韦志中,余晓洁.画心：绘画心理治疗师的心灵透视课[M].北京：台海出版社,2019:7-11.

4. 方勇译注.孟子（中华经典名著全本全注全译丛书）[M].北京：中华书局,2015:48-49.

三十里铺：人们传唱真正的爱情

敢爱的心，源自生命的真

人们需要真正的爱情。

为什么真正的爱情总是能让人们体验到荡气回肠、刻骨铭心？为什么爱情令人"衣带渐宽终不悔，为伊消得人憔悴"？为什么爱情令人生，也令人死？因为，这种真挚的情感来自生命的深处，来自生命的原初，来自我们自出生起即拥有的赤子之心。我们每个人都拥有一颗赤子之心，只是有的人的赤子之心比较明显，有的人的赤子之心随着其社会自我的发展，被掩藏在内心里面了，但依然存在着。而当遇见爱情的时候，人们的赤子之心就会显现出来。赤子之心是生命最为纯真的状态。所以，爱情会在心里流淌出真情真意，在人们心中显得神圣且珍贵。没有人不向往真正的爱情。

在人类的历史发展中，那些冲破世俗勇敢相爱的故事，总是流传久远，令人赞赏。在我国，古有梁山伯与祝英台相恋，一曲《梁祝》已成为中国文化瑰宝之一。还有牛郎织女的神话故事，牛郎与织女每年七夕在天上相会，让人们过七夕节的传统流传至今。在西方，莎士比亚创作的戏剧《罗密欧与朱丽叶》也闻名全球。

在我国陕北地区，也有这样一对勇敢相爱的恋人，王凤英和郝增喜。有一首曲风优美、真情回荡的民歌《三十里铺》，传唱的就是他们的真人真事。在20世纪三四十年代，"父母之命，媒

三十里铺：人们传唱真正的爱情

妁之言"的封建思想依然主宰着婚姻。凤英和增喜是那个时代的进步青年，他们两情相悦，互许终身。虽然家世背景不同，但他们依然尊重内心的自由。虽然那时的社会环境中没有他们婚姻立足的土壤，他们最终也没有走到一起，但这份爱情不仅在他们心中是珍贵的，也被百姓们作为佳话传唱了下来。1996年，我国发射的人造卫星就载有这首《三十里铺》。凤英和增喜两个人勇敢相爱的故事，其实也代表着广大劳动人民对于真挚爱情的向往，是社会走向进步的标志，可谓是被集体文化认同的又一个传奇爱情故事。而这首歌又幸运地因现代科技的进步被发射到宇宙中作为纪念，成为永恒的佳话。

爱情里的勇气，究竟是什么？这份勇气，其实就来自我们赤子之心的"真"。从人格健全的视角来说，"真"是自我不可或缺的组成部分。为什么这样说？因为唯有"真"，可以让我们尊重内心的自由，不活在别人的眼光和评判中。"真"就像一把利剑，可以让我们直指生命的命门。"真"让我们不因为别人的眼光而浪费时光和精力，因而可以充分发挥出人生效能，活出生命的本真，活出自我的价值，也能为他人和社会做出真正的贡献。做真正的自己，就是能够认同自己，能够勇敢去实现自我的价值，能够看见自己身上的光芒，并释放出自己的光芒。

从古至今，人类每一次伟大的创造，每一次伟大的超越，都来自人们内心的"真"，这股力量让我们勇敢探索，无论是政治，还是科学，还是艺术……对于爱情来说，更是需要"真"。"真"带着无限的勇气，助我们披荆斩棘，直达目标。人们需要真正的爱情。需要就会成为动机。这股动机会驱使人们为满足这份需要而做出很多行动。

真正的爱情,在人类集体文化中总被传为佳话,能够冲破时光流传千年,能够被变成神话,并且在神话中也安排两个人能够在一起或是能够见面。我们能够从这些隐喻中体会到人们对真正的爱情的需要是多么强烈!也能够看到经过岁月沉淀,人们集体文化的选择,是生命深层的真、善、美。

《三十里铺》

创作者:常永昌

提起个家来家有名,
家住在绥德三十里铺村。
四妹子爱见那三哥哥,
他是我的知心人。

三哥哥今年一十九,
四妹子今年一十六,
人人说咱二人天配就,
你把妹妹闪在半路口。

叫一声凤英你不要哭,
三哥哥走了回来哩,

三十里铺：人们传唱真正的爱情

有什么话儿你对我说，
心里不要害急。

洗了个手来和白面，
三哥哥吃了上前线，
任务落在那定边县，
三年二年不得见面。

三哥哥当兵坡坡里下，
四妹子硷畔上灰不塌塌，
塌有心拉上两句话，
又怕人笑话。

一句"他是我的知心人"，诉尽了真正的爱情能够给人们带来的满足。

歌曲《三十里铺》里的爱情故事，发生在第二次国内革命战争时期，陕西绥德县的三十里铺村。这是一个真实的故事。但故事发展的细节，到今天只剩下传说了。在传说中，主要有两种说法。一种说法是，凤英本是山西人，因日本人占领山西，凤英父母带着孩子们逃难到了陕西绥德的三十里铺。在这里，"三哥哥"增喜经常去"四妹子"凤英家帮忙，照顾着这个落难的家。逐渐地，凤英和增喜两个人彼此相爱，彼此懂得，就像两棵连根生的树。但因为两家地位悬殊，凤英被父母许给了别人家。后来，八路军征兵,增喜离家参军去了。另一种说法是,一些邻里看到增喜和凤英彼此有情意,也认为两个人非常般配,就主动为他们做媒。但是增喜的父母嫌凤英家贫人多,没同意,而是给他另外许了一门亲。两个人没能在一起,被棒打鸳鸯散。不久,增喜按照父母的包办结婚了。后来,八路军征兵,增喜离家参军去了。

无论是哪种版本,增喜后来都是响应革命号召去战斗了。凤英站在自家窑洞上面的土坡上,送别着将要远去的心上人。歌词"灰不塌塌"就是描写凤英脸上没有精神的模样。增喜安慰凤英说:"凤英你不要哭,三哥哥走了回来哩,有什么话儿你对我说,心里不要害急。"

有一个名叫常永昌的人,在地主家当长工,他每天都能看到凤英家的房子跟增喜家的房子,关注到了凤英和增喜在平时见面时彼此有情的神态,也看到了凤英送别增喜时两个人依依不舍的场景。常永昌喜欢唱歌,就把凤英和增喜的爱情用信天游曲调编唱成了歌曲。

去伪存真,是集体文化的选择

信天游是陕北民歌的一种形式,是底层的劳动人民的创作,表达的是劳动人民的情感和故事,可以把生活中的任何事情和内心的心情给唱出来。

那个时候,现代婚姻制度还没产生,封建社会背景下的婚姻爱情制度还在起作用。绥德正好属于陕甘宁的要道,那里南来北

三十里铺：人们传唱真正的爱情

往的客商、脚夫络绎不绝，都喜欢唱两嗓子信天游，就把凤英和增喜的故事传唱开来。一开始，有些人还会抱着一种嘲讽的态度去传唱他们的故事，在传唱的歌词中不断地编出一些他们自己想象出来的荤段子，加入了很多不雅的描述。但是，随着时光的流淌、革命的蔓延，人们的思想解放了。纯朴善良的劳动人民，开始认同凤英和增喜的爱情，赞赏他们的勇敢，于是，那些讲男女作风不好的歌词渐渐不再有人唱了，只留下了表达真挚爱情的歌词。《三十里铺》成了一首革命正能量歌曲，旋律舒展开阔，歌词亲切动人，被广为传唱。

增喜后来参加了八路军，到了延安，这首歌已经被传遍四方了，传到了解放区，传到了延安。毛主席在文艺会上还讲到这首歌。

中华人民共和国成立后，著名音乐家王方亮将《三十里铺》改编为无伴奏合唱，亲自指挥陕北民歌合唱团在北京公演，演出了30多场，引起了轰动。后来，这首歌被很多明星演唱，经久不衰。2004年11月，北京海淀剧院举办"原声黄河"西部十大歌王歌后演唱会，在演唱《三十里铺》这首经典民歌时，年近80岁的凤英作为嘉宾出现在台上，让全体观众惊喜不已，全场掌声雷动，一片沸腾！我们从中可以看到，人们的集体文化，选择了去伪存真，保留下真、善、美的爱情本质，让这首歌完成了登上高雅之堂的转变。凤英和增喜的爱情最终还是被人们看见、颂扬。这也给我们带来了启示：勇敢去做一个真人！

尊重内心的真、善、美

有时候,我们会担心自己做的一些事情会被别人说道。但是,我们可以发现,集体文化心理是有过滤功能的,会自然而然把那些脏东西过滤掉。这背后,恰恰就反映了人民是渴望幸福、渴望美好的。这是符合积极心理学的。积极心理学就是要激发人们内心的真、善、美。同时,我们的文化和艺术也会自然地过滤掉不符合真、善、美的东西。

真、善、美,是从人们的心里自然而然流淌出来的。我们在追求爱情的过程中,可能我们的爱情,暂时不符合他人的审美标准,他人会给我们一些压力,甚至会给我们很大的伤害。但是,不要紧,只要这份感情是发自内心的,它就是善的;只要是符合人性自由的,它就是真的;我们尊重了自己的自由和灵魂,尊重了自己内心真实的表达,它就是美的。我们为爱情所做的事情,是符合真、善、美的,就是对的。那些泼在我们身上的污水,都会被自然地过滤掉。所以,谁也不用担心。

我们在追求爱情的时候,应该少看一些别人的脸色。因为,所谓过眼云烟,就是别人对你的认识,对你的评价,就如同云烟一般转瞬即逝。因为,他们一时的看法,永远超越不了你内心里追求自由的那种真,超越不了你的真情实意所表达的那种美与善。

所以,两个人彼此相爱,一开始可能不被大家看好,但是,当这两个人坚持了五年、十年、二十年后,他们的爱情就会被人们视为传奇。当这段爱情变成传奇的时候,就没有人再说它不好了。敢爱敢恨，恰恰是我们都渴望的。所以，每个人心中都有凤英，每个人心中也都有增喜。凤英和增喜做的事情，是很多人不敢做的。

所以，在爱情中，我们要按照自己心中真善美的力量和方向去走自己的路。增喜和凤英虽然没有结婚，但这其实不重要，关键是他们真的从内心深处生出自由来，生出真挚的情感来，彼此相爱过。虽然他们的感情经历了反对和诋毁，但最后，人们还是把对他们感情的消极认知转换成了积极认知。所以，我鼓励大家在爱情里追求心中的真善美。

如今，社会越来越进步，自由恋爱越来越普遍。而在自由恋爱时，我们也应尊重内心生发的真、善、美。比如，一个男孩个子矮，爱上一个个子高的女孩，两个人走在路上，就会接收到别人的一些眼光。但是，你要这些眼光干什么？眼光能把你杀死。真正的生活，是你们两个人在一起的爱情体验，是你们两个人的，跟别人没有任何关系。我们通过《三十里铺》，揭开了爱情的真面目，爱情是过给自己的。

没有爱情的婚姻是不道德的

恩格斯说："如果说只有以爱情为基础的婚姻才是合乎道德的，那么也只有继续保持爱情的婚姻才会合乎道德。"

真情，是发自内心的，是从生命的深处流淌出来的，那本身就是道德。真正的爱情令人传颂，劳动人民集体的积极心理文化会推动这份爱的表达，集体文化中"真"的力量是无穷的。反过来说，你为了他人而把自己欺骗了，把自己欺负了，自己都不尊重自己，别人会尊重你吗？

有人说，心理工作者不要表达任何的倾向性。可是，你要知道，如果不表达任何的倾向性，一个人就没有独立的人格。没有独立的人格，就不可能有独立的思想。没有独立的思想，怎么能创造独立的、创造性的科学呢？

道德分为自律道德和他律道德。自律道德是通过对道德价值的认同，而将道德规则和道德价值内化为自身行为规范和价值标准的过程，是发自内心地要做真、善、美的行为。因受法律、权威或者其他影响力制约，而按照特定的道德规则来行动，则是他律道德。然而，他律道德不等同于个体就要完全被他人评判的眼光所制约。首先，他人的评判并不一定都是准确的；其次，他人的评判并不一定就是符合社会真正的道德标准的，而社会的道德标准也有一个不断发展进步的过程。因此，我们要分清楚，什么时候该遵循他律道德，什么时候该遵循自律道德。最佳的判断标准，就是我们内在的真、善、美。

他律道德的最高水平还是像《三十里铺》这样，到最后由社会把它升华，最终集体文化的选择充分认同了凤英和增喜之间的真情。实际上，他律道德也是由自律道德形成的，集体无意识也是由个体的意识不断发展而最终形成的。当然，有时可能会暂时有一些迷障。比如，当下看起来，他律道德好像是反对你的，但实际上，最后的选择是自律道德支持你。最终沉去泥沙，沉去偏见，沉去嫉妒，沉去那些东西之后，集体文化的选择是积极的，是尊重人的自由。不论是他律的道德，还是自律的道德，最终都体现着真、善、美的自由。如果一个人连真、善、美的自由都没有，也就勿论道德了。

面对爱情，过了自己这一关，就会过时间关，过了时间关，就会过一切关。

珍惜与贪心

我们在前面的章节中讲到了面对过往的爱情需要珍惜。像凤英和增喜不能在一起，就需要在内心做到珍惜。同时，我们要谈到另一种心态，与珍惜相反的，就是贪心。

受时代思想的限制，凤英和增喜没能走到一起。我们在现实生活中，也会遇到一些因障碍而无法走到一起的情况。那么，这时候，你就需要明白，在爱情里，不能贪心。如果可以走到一起，那么，就努力走到一起，这是一种积极的心态。如果不能走到一起，而强求非得要一个结婚的结果，那就是贪心了。你一贪心，贪心就会变成一个恶魔，你就相当于被恶魔控制了。你一贪心，就会自怜自艾，就会觉得有怨恨，嫉妒就出来了，这对自己其实是一种伤害。

所以，面对不能走到一起的爱情，需要一种超越的能力。能够拥有一段彼此相爱的幸福时光，已是难得。如果不能够走到一起，也不必强求。我们既要能够允许美好的爱情走向生活，也要

能够接受美好的爱情没有走向生活。这是一种真正的珍惜。

参考文献

1.张掌然.交际艺术品评[M].武汉：华中理工大学出版社,1997:2.

2.蔡申.爱恨交加《三十里铺》[J].名作欣赏：文学研究（下旬),2011(8):10-11.

3.张亚涛.《三十里铺》作品简介[J].环球市场信息导报,2017:111.

花儿与少年…

青春盛开爱情的花儿

爱情的花儿何时开

爱情到底是从什么年龄开始的？

有人说，从幼儿园就开始了。幼儿园的小朋友相互之间说："我们结婚吧。" 也有一些妈妈会问自己正在上幼儿园的孩子："你喜欢你们班上哪个男生/女生啊？"这个时候，孩子可能会说："我喜欢×××。"其实，这仅是幼儿对成年人言语行为的模仿，是一种游戏阶段，他们并不懂得结婚和爱情真正的含义。

到了小学之后，家长们就会发现，往往孩子已经把在幼儿园时"喜欢"的对象给忘了。渐渐地，小学一二年级的孩子又有了新的"喜欢"的对象，而且还不止一个。这个时候，依然是模仿游戏阶段，孩子依然并不理解什么是爱情。他们所"喜欢"的同学，只是比较要好的玩伴罢了。

而到了小学三四年级，一些让家长又懊恼又哭笑不得的奇葩现象开始出现了。例如，一个三年级的孩子可能会收到一封"情书"。"情书"的内容可能不只会表达"我喜欢你"，还有人会表达"我想亲亲你"。到了五六年级，家长可能会听到自己的孩子放学回家后说一些班上的"绯闻"，例如：我们班好几位男生都喜欢班花；某某男生扯同桌女生的头发……这个阶段的孩子，虽然还不能体会什么是真正的爱情，但已经开始对男女恋爱、男女身体形态上的不同产生了好奇。

到了五六年级，男孩女孩会有一部分人开始感受到自己对某

花儿与少年：青春盛开爱情的花儿

一个男生或女生产生了比较定向的好感，但这时仅仅是一种非常朦胧的好感，稍纵即逝，还不是真正的爱情。

到了初中、高中，青春期渐渐到来。我们先来看一首民歌是怎样歌唱这段美好时光的。

《花儿与少年》

青海民歌
填词：朱仲禄

春季里么就到了这，
水仙花儿开水仙花儿开。
年轻轻的女儿家呀，
踩呀么踩青来呀。
小呀阿哥哥，
小呀啊哥哥呀，
小呀啊哥哥呀，
托一把手过来。

夏季里么就到了这，
女儿心上焦女儿心上焦。
石榴花的籽儿呀，
赛过了玛瑙呀。
小呀阿哥哥，

小呀啊哥哥呀,
小呀啊哥哥呀,
亲手摘一颗。

秋季里么就到了这,
丹桂花儿香丹桂花儿香。
女儿家的心呀,
起了波澜呀。
小呀阿哥哥,
小呀啊哥哥呀,
小呀啊哥哥呀,
剪不断情丝长。

冬季里么就到了这,
雪花满天飞雪花满天飞。
女儿家的心儿呀,
就像那雪花呀。
小呀阿哥哥,
小呀啊哥哥呀,
小呀啊哥哥呀,
认清了你再来。

《花儿与少年》这首民歌,属于一种独特的民歌类别——

"花儿"。"花儿"广泛流传于我国的甘肃、青海、宁夏一带，因在歌词中把女性比作花朵而得名。"花儿"用汉语演唱，受西北高原地域文化的影响，其曲调高亢悠扬，歌词淳朴率真、直入人心，深具情感表达的美感，有"西北之魂"之称。2006年，"花儿"经中国国务院批准列入第一批中国国家级非物质文化遗产名录。

这首《花儿与少年》也有多个版本，表达的意思都是青春的花儿开了，年纪轻轻的男孩女孩开始相互爱慕。例如中央歌舞团演唱的版本歌词为："春风呀吹醒了凤凰山呀，山下的流水映蓝天呀。迎春花开放，千呀千里香千呀千里香。女儿家的心上呀起了波澜呀，小呀阿哥哥，小呀阿哥哥呀，小呀阿哥哥呀，扯不断情丝长。东山的太阳照西山，西山的牡丹呀映红了东山。阿哥是太阳山口里看呀，阿妹是才开的牡丹。山高高不远凤凰山，凤凰山站在白云端。花儿为王的红牡丹，红牡丹它开在春天。山美美不过大草原，大草原铺上绿绒毯。人间英俊的是少年，少年是人间的春天。凤凰山那个山头穿破了天，一眼望不尽大草原。草原上的牡丹闹春天呀，春天的牡丹惹了少年。少年人看上了红牡丹呀，红牡丹爱上了少年。"

青春发育加速期的生理变化

女孩身高、体重的发育加速期一般从10岁半开始，到12岁时发育速度达到最高峰，13岁到13岁半开始回落到较慢水平。

当女孩进入身高生长加速期时,女性性征也开始发育,并逐步走向成熟,青春期,是女性从女孩到女人的过渡时期。

男孩的发育加速期比女孩滞后,通常13岁时才进入发育加速期,14岁时达到高峰,16岁回落到一个较为缓慢的速度。与此同时,男孩的性征也开始发育和成熟。男孩性成熟的另一个标志是伴随着喉结发育和声带变宽而出现的声音低沉现象。

生理发育加速期也存在着个体差异。有的早两三年,8岁就开始第二性征的发育;有的晚两三年,十七八岁还没有到青春期。这些也都是正常的。

生殖系统的成熟,标志着青春期的真正到来。同时,生殖系统的成熟,也为爱情的产生提供了生理基础。因此,大多数男孩女孩在十五六岁的时候会清晰地感受到爱情的萌生。

面对青春期爱情的科学态度

就像大自然到了季节就会开花一样,人的身体发育到了性成熟的阶段,爱情就会自然产生。这也是符合心理发育规律的。这时候的男孩女孩们通常还在上中学,在父母、老师的眼中,他们还是孩子。他们在青春期萌生的爱情,会被视为"早恋"。

而我们从爱情心理学的视角来看,青春期萌生爱情,是一个人身体和心理正常发育和发展的体现。因此,我们要理解青春期的男孩女孩们内心产生的这种爱情体验,告诉他们,这是正常的、美好的。因为爱情很美好,因为人生很美好,我们更加要为这份美好而努力学习、努力奋斗。

然而，很多家长会将青春期的爱情视为洪水猛兽，担心这份感情会毁掉孩子的学业和前途，于是与学校联手，摧毁这朵初绽的美丽的花儿，这样其实是在做什么？是在阻碍孩子正常的心理发展。

青少年时期最重要的发展任务是拥有成熟和健康的自主性。自主性是指个体在没有他人的帮助下完全独立地做出决定、控制生活事务的能力。通过自主性的获得，青少年得以顺利走向成年。青少年认同自己内在的爱情体验，或是认同自己和某位同学有相互倾慕的感觉，也是其自主性发展的必经路程。家长、学校、社会对青春期爱情的理解和尊重，能够帮助青少年在此时期建立人格中的"自我同一性"。"自我同一性"是指一个人通过自己的价值观、动机、能力和活动经验而形成的有关自我的一致性形象，是个体自我内在感觉与个体所获得的外界社会的确认之间的一致性。通过"自我同一性"的顺利建立，青少年的自主性会获得健康发展，并因此成为一个人格独立的人，成为一个有主见的人，成为一个能为自己的美好生活负责任的人。那么，一旦爱情的花儿被强行摧毁，会怎样？孩子会因内在的爱情体验没有获得理解和尊重，而失去在爱情的情感层面建立"自我同一性"的重要机会，对于爱情的自我认同感没有充分建立起来，对爱情的自主性没有充分发展起来，就会成为一个对爱情生活不够有信心的人，成为一个在情感世界里随波逐流的人。等到孩子成年之后，没有表现出能够为自己的人生幸福充分负责任的状态，父母又会指责孩子没有一个成年人该有的样子！当孩子工作之后，对谈恋爱不够积极主动，没有表现出有能力去获得幸福的状态，父母又会着急地想尽办法给孩子安排相亲。

有的孩子在一些错误观念的引导下，对自己的爱情体验持"否定""否认"的态度，慢慢地，就会开始忽视自己的感受，压抑久了，心理上就会出问题。当孩子失去在爱情中重视自己感受的能力，那么他经营爱情的能力就失去了获得健全发展的机会，其经营爱情的心理资本也因此而大打折扣。实际上，那朵爱情的花儿是非常珍贵的，如果它不能获得理解和重视，没有好好地存活过，就会成为一种隐匿的创伤存在于青春期的孩子内心当中。在心理发育非常关键的青春期，这种隐匿的创伤就像一根在体内摸不着的刺，在孩子的心理空间里扎来扎去，他的情绪层面、情感层面、自尊水平、自信水平、学习能力等都会受到一定的影响。一些看起来很好的孩子为什么忽然会出问题，往往就跟这朵爱情之花的创伤有关。而不允许花儿开放，并不是避免这种创伤的途径。最关键的，就是允许、承认这朵花的存在，认可它的美好，让它感受到自己被看见、被尊重、被理解。如此，即便孩子并没有真的去谈一场恋爱，这朵花儿将来也会成为美好的记忆。

因此，父母和老师在孩子青春期时，要充分尊重孩子内在对于爱情的正常体验过程。青春的花儿开了，就让它好好地开，尊重它的自然盛开，自然凋落。这是孩子内在对于爱情的自主性的自然发展的过程，家长和老师要允许孩子有自己的感受，并让孩子对自己的爱情体验产生充分的自我理解和尊重，能够为自己的感受做主，能够让这朵花儿美丽地、无悔地存在过、盛开过，认同它的美好。这样它下一季还可以再开花。

我们在生活中也有这样的案例。有的父母比较开明，孩子到了高中时恋爱了，就对孩子表达理解和尊重，对孩子喜欢的同学也很好，后来就发现两个孩子还是能够很认真地准备高考。后来，两个孩子都考上了理想的大学。有的老师对学生的爱情萌动明确表达理解和尊重，学生们也会更积极阳光地生活、学习。

孩子们正是因为有了自主性，才形成了主动对自己的人生负责任的能力。中学阶段的孩子，如果自主性获得良好的发展，人格独立，就会更加懂得为自己的未来而努力奋斗，因而会在学业上不断用功。即使原本成绩落后的孩子，只要在青春期时自我人格得到很好的发展，也会忽然"觉醒"，明白自己要好好学习，然后就会"不待扬鞭自奋蹄"，在学业上突飞猛进。

家长们、老师们如果可以运用科学的态度来面对青春期孩子的爱情，对他们的爱情表达理解和尊重，给予正确的引导和科学的性教育，就可以培养出心理健康的孩子，培养出懂得为自己的人生负责任的孩子。

青春期性教育

对青春期的孩子进行性教育，需要把握三个关键点。

其一，是心理层面，要让孩子拥有独立的自我，而不要失去自我。爱情是两性之间很美好、很纯粹的一种感情，但每个人都是独立的个体，是独立的自己。即使恋爱了，也并不是谁就从属于谁的关系。喜欢谁，不等于就要占有谁。两个人并不能因为爱慕对方，就依从对方或者要求对方去做违背自己内心、违背道德的事。每个人依然要管理好自己的学业和家庭，自己为自己的人生负起责任。

如果自己不努力，而是等着对方将来跟自己结婚来养着自己，那么就把自己人生幸福的权利交给了别人，对自己和对方都是极不负责任的，也是无法保证幸福的。相反，为了这段美好的爱情能够继续长远地发展，更应一起努力、相互加油。

我还发现，往往男孩子多数都会倾慕成绩又好、长得又漂亮的女孩。追不到，就会痛苦。那么，至少现在努力，将来还是有机会的。不要因此就永远否定自己了。做独立的自己，就是能够看到困难，也能够看到机会，能够排除困难去把握机会。

其二，是身体层面。彼此相互喜欢，因此更要懂得尊重对方。不能为贪图短暂的快乐，而让女孩子的身体付出巨大代价。男孩子要懂得爱惜女孩子，爱是敬重对方，而不是只为满足自己。女孩子也要懂得自爱，爱惜自己的身体。再喜欢对方，也不能把自己付诸险境。身体一旦损伤，是不可逆的，神仙也救不了。

其三，是道德层面。青春正茂的女孩们、男孩们，不要去做出卖身体等违背性道德的事情。如果生活遇到困难，可以寻求社会帮助，但不要去走一条不归路。青春年华，正是人生奋斗的关键时期，人生有着无限的可能，一定要珍重、爱惜自己的青春。

让心灵之花自由绽放

"花儿"中还有一首广泛流传、影响深远的代表作,叫《上去高山望平川》,在20世纪50年代经"花儿王"朱仲禄在兰州演唱后,一举红遍全国。这首歌旋律自由开阔,歌词寓意深刻。

《上去高山望平川》

青海民歌(朱仲禄演唱版本)

(哎)上去(个的)高(呀)山(者哟啊呀),
望(呀哎)平(了)川(呀),
(哎哟)望平(了)川(呀)。
平川里,
(哎)有一朵(呀)牡丹(呀),
(哎)看起来(是的)容(呀啊)易(者哟啊呀),
摘(呀哎)去(是)难(呀)。
(哎哟)我(是)摘去(是)难(呀),
摘不到(哎)我的手里是(呀)枉然,
枉(呀)然(噫)。

我们可以发现,这首曲子歌词的内容不多,"呀""啊""哎哟""者哟啊呀"这样的衬字、衬词却充满了整首歌。这首歌运用"赋""比""兴"三种艺术手法,把写景、叙事、隐喻、抒情融为一体,以"牡丹"隐喻心上人,爱花心切,却只能望花兴叹。多样的衬字、衬词丰富了歌词的表现力,让乐句悠扬宽长,起伏度大,深刻地抒发了年轻的男女之间纯真的爱情由于封建礼教的束缚和阻挠而不能实现的焦急、感慨的心情。

这首歌的意境,类比一下青春期的男孩女孩,与他们爱情的花儿开了又被摧毁时的心情,是相当一致的。孩子们会因此而陷入痛苦和迷惘,逐渐开始怀疑自己的人生价值。所以,我们一定要给予青春期的爱情真正的理解和接纳,允许花儿自由地开放。如果两个人相处一段时间后,觉得很好,一直在一起,后来又结了婚,就会成为佳话;如果觉得不好,自然而然地,他们自己就分手了。往往外面的风雨越大,孩子们就会对这段感情更加拼命维护,反倒不利于两个人正常地去感受对方。

孩子们的恋爱受到了家长和老师的阻挠。在这个过程中,家长一着急,就容易把事情闹僵或者闹大,会让孩子的自尊和感情受损,甚至使孩子遭受更加严重的伤害,最严重的情况是付出生命的代价。孩子们会因此在心里产生很多的愧疚,这些愧疚在心里会变成无形的压力,侵袭着身心健康。

多年之后,他们就会发现,爱情之花,在自己的人生里已经很难开放了。即便结了婚,也不一定就是有着深刻的爱情内涵的婚姻。婚姻的质量又会如何呢?

家长们、老师们要考虑一下,你们是不是在为了保护自己的一些东西,为了自己便于管理,为了不要惹事,损害了孩子们爱情之花的自然开放能力和人格的健全发展。因为自己的控制、自私和恐惧，在不知不觉中，你们就把自己以为的"都是为你好"变成了一种对孩子来说难以言说的痛。如果家长不过这一关，老师不过这一关，学校不过这一关，社会不过这一关，就会为整个社会带来巨大的损失。

一朵自由开放的心灵花朵，才可能使社会进步，才可能为社会带来美好。一个人连爱情这朵花都不能开放的话，他能成为一个幸福的人吗？我们很难想象。

孩子们到了花季，相爱相恋，是生命的自由状态，我们不要把它变成道德事件，更不能以"我是主人翁"的精神，去扼杀它，去鄙视它，去攻击它，去伤害它。这是坚决不能的。爱情不容易获得，花季的时候可能是最接近的时候。那么，在孩子们花季的时候，我们就应该让他们去绽放。他们有过这一段自由盛开爱情花儿的经历，即便将来没在一起，也会在心中留存下美好的记忆。

我对待我的孩子，也是这样的态度。到时间了你要恋爱就去恋爱，去自然地发展。违背自然规律会受到惩罚。

希望每一个还处在花季的人，尽情地去绽放。

参考文献

1.[美]David R. Shaffer & Katherine Kipp.发展心理学（第八版）[M].北京：中国轻工业出版社,2009:199-200,202.

2.薛松梅.论西北民歌"花儿"的美[J].大众文艺,2017(4):

50-52.

3. 杨鑫辉. 什么是真正的心理学:50位当代心理学家思想精粹[M]. 福州:福建教育出版社,2012:236.

4.[美]Jerry M.Burger. 人格心理学（第八版）[M]. 北京:中国轻工业出版社,2015:111,113-114.

5. 施咏. 单相思恋——《上去高山望平川》音乐分析——中国民歌音乐分析之四[J]. 音乐生活,2018(02):52-56.

十送红军：
送别爱人有智慧

积极主动地送别

人的一生当中要经历很多次分离。

面对离别,最好的方式,就是以一种主动的、积极的心态进行送别。"送"是一个动词。是的,我们分离了,但不是我被抛弃了。我选择主动地、积极地送你离开。

有很多歌曲都与分离有关。很经典的一首送别歌曲,就是《十送红军》。

《十送红军》

编词:张士燮

编曲:朱正本

一送(里格)红军,(介支个)下了山,
秋风(里格)细雨,(介支个)缠绵绵。
山上(里格)野鹿,声声哀号叫,
树树(里格)梧桐,叶呀叶飘完,
问一声亲人,红军啊,
几时(里格)人马,(介支个)再回山。

三送(里格)红军,(介支个)到拿山,
山上(里格)苞谷,(介支个)金灿灿,

十送红军：送别爱人有智慧

苞谷种子(介支个)红军种,
苞谷棒棒,咱们穷人搬,
紧紧拉住红军手,红军啊,
撒下的种子,(介支个)红了天。

五送(里格)红军,(介支个)过了坡,
鸿雁(里格)阵阵,(介支个)空中过。
鸿雁(里格)能够,捎来书信,
鸿雁(里格)飞到,天涯与海角,
千言万语嘱咐,红军啊,
捎书(里格)多把,(介支个)革命说。

七送(里格)红军,(介支个)五斗江,
江上(里格)船儿,(介支个)穿梭忙。
千军万马(介支个)江畔站,
四方百姓泪汪汪,
深情似海不能忘,红军啊,
革命成功,(介支个)早归乡。

九送红军,上大道。
锣儿无声鼓不敲,鼓不敲。
双双(里格)拉着长茧的手,
心像(里格)黄连,脸在笑。

血肉之情怎能忘，红军啊，
盼望（里格）早日，（介支个）传捷报。

十送（里格）红军，（介支个）望月亭，
望月（里格）亭上，（介支个）搭高台。
台高（里格）十丈，白玉柱，
雕龙（里格）画凤，放呀放光彩，
朝也盼来晚也想，红军啊，
这台（里格）名叫（介支个）望红台。

19世纪60年代初，空军司令员刘亚楼认为应发挥出革命歌曲的巨大感染力与推动力。不久，根据刘亚楼演唱革命历史歌曲的指示，空政文工团派多位工作者奔赴江西等地采风，搜集战争年代的革命歌曲。他们走遍江西各革命老区，收集了大量革命歌曲，其中不少是当时广为流传的各种版本的送红军歌曲。江西民歌繁盛，在革命年代亦融入军歌之中。每当红军上前线时，全村男女老少都在村口、河边、山坡上送红军。有时一边送一边唱。因此，江西关于送红军的歌曲特别多，富于地方民间特色。

回到北京后，张士燮把自己收集到的多首有关送红军的江西民歌综合起来，形成了《十送红军》的歌词："一送（里格）红军，（介支个）下了山，秋风（里格）细雨，（介支个）缠绵绵。山上（里格）野鹿，声声哀号叫，树树（里格）梧桐，叶呀叶飘完。问

十送红军：送别爱人有智慧

一声亲人红军啊，几时（里格）人马，（介支个）再回山……"

朱正本拿到歌词后，细读几遍，立刻想起了在江西采集到的赣南采茶戏的一些曲调。这些曲调婉转优美，非常动听。有一首《送郎调》情真意切，朱正本从中找到了音乐创作灵感，又借鉴了西洋音乐回旋曲的形式，在民间曲调的基础上进行了重新加工。尽管一送、三送、五送、七送，送了又送，但层次分明，富于变化，每段最后一句的结尾，仿佛是下一段唱的开头，如巨龙盘旋，前呼后应，首尾相衔。

《十送红军》让我们看到老百姓在送别红军时，送了又送的不舍场景，留恋、期盼、祝福、深情等多种情愫尽在其中，情真意切，难舍难分，但又充满了积极主动的精神，看到红军们为了革命而不惜与亲人离别。

江西采茶戏里的《送郎调》，是《十送红军》的原型。《送郎调》共有十二段歌词，因为很长，后来人们又把《送郎调》叫作《长歌》。每段歌词都以数字开头，从一送柜子边、二送房门边、三送天井边、四送门楼下、五送大门口、六送大路中，一直到十二送到渡船头。每一送，都是情意绵绵。例如："一送（里格）表哥（介支个）柜子边，双手（里格）拿到（介支个）两吊钱。一吊（里格）拿到零星用，一吊（里格）拿到作呀作盘钱。一人（里格）在外有呀有照应，出门（里格）郎子要呀嘛爱惜钱。二送（里格）表哥（介支个）天井边，一朵（里格）乌云（介支个）遮半天。保佑（里格）龙君落呀落大雨，留下（里格）涯郎歇呀歇夜天。年头（里格）一走年尾归，歇了（里格）

一夜（介支个）当一年。三送（里格）表哥（介支个）桂花窝，拗枝（里格）桂花（介支个）来垫坐。左手（里格）攀到桂树枝，右手（里格）挽紧亲呀亲表哥。花恋（里格）枝头妹恋哥，两人（里格）实在（介支格）情意多。花恋（里格）枝头（介支格）情意多……"

《送郎调》有十二送，关键是这个数字很有意思。十二送，单从数字来讲，就能体现出非常舍不得的感觉。我们现在在正常的人际交往中，在送别的礼仪中，就能够感受到，如果别人送你，真的是感情比较深的人，他一定是送你走远，他还没有离去。如果是与你感情一般的人，你刚刚转身走了，回头再看，他已经不见了。所以，衡量一个人对你的情感，可以数五个数，你一边走，一边数，数到五，回头一看，他还在原地站着目送你，那就能够说明他对你的感情之深了。所以，礼仪真的是要靠内心情感的能力去支撑的。"礼"是发自内心的一种表达，让对方感受到尊重，感受到舒服。我想让他带着被珍惜、被重视的感觉离去，从心里面觉得舒服，所以我要送他。这种送别是非常积极的。

从《送郎调》到《十送红军》，是从小我到大我，是从情结到情怀的一种转变。

爱情里的奉献

战争年代的爱情，是建立在革命友谊的基础上，随时准备着为时代、为人民牺牲。其实，今天的军嫂也一样。很多军嫂守在

十送红军：送别爱人有智慧

家里,她们的丈夫在边关,在海岛,一年就回来一回,有时一年也回不来一回。她们靠什么去支撑内心里的爱情呢?她们寂寞时,她们孤独时,她们带孩子又累又烦时,她们面对家庭发生的困境时,她们靠什么去消除这些呢?靠的就是一种自豪感,一种奉献精神。我们的社会,对于这些特殊的奉献群体,真的要由衷致敬。

还有人民警察的家庭。警察可能随时会为了保护他人的生命和财产安全而付出自己的生命,他们的家人也会因此担惊受怕。甚至有一些刑警,他们的家人可能还会遭到威胁。军人家庭、警察家庭,都令我们由衷敬佩!那么,他们的爱情其实就不只是他们的爱情了。为什么我们现在要保护军嫂、军婚呢?因为军人的婚姻不只是他个人的,还是社会的。如果军人的婚姻出问题,军人就没有办法安心保家卫国了。所以,爱情,既是两个人私有的,又是具有公心的,是具有大我情怀的一种感情。《十送红军》就让我们看到,现在我们的社会依然还有许多这样具有大我情怀的人。

在寻常百姓家,爱情里也是有奉献和牺牲的。一对夫妻,或者一对恋人,可能会为了照顾对方的家人,牺牲一些自己的时间、精力和资源。很多人为什么不配拥有爱情,或者他的爱情不够甜蜜呢?就是当他在爱情里遇到要牺牲的情况时,他却不愿意付出一点点,受不了委屈。这种受不了委屈的爱情,就没有那份彼此相惜的甜蜜。爱情的甜蜜,是由多种味道组成的。既有两相眷恋如饮蜜糖的甜,也有受委屈也要去承担的甜,还有分离时不舍也得相送的甜。《十送红军》中,这种送走之后可能就是永别的一种不舍、一种焦虑，这种即使不舍和焦虑也要相送的情怀，就是爱情里的最高境界。

分离焦虑

送别之际，人们都会产生一定的分离焦虑。其实，当年，老百姓在送别红军时，一边送一边唱送红军的歌，就是在处理分离焦虑。

分离焦虑是指个体与其依恋对象分离或与其家庭分离而产生的过度焦虑和发展性不适。人们会因分离而表现出不同程度的焦虑、抑郁情绪，有的人会产生一些受焦虑影响的不安行为，如哭泣、身体不适、逃避分离等，有的人会在分离之后不断地给依恋对象打电话，要求依恋对象回到身边。

关于分离焦虑的产生原因，心理学多个流派都进行了研究。

精神分析流派的弗洛伊德认为，人类最初经历的焦虑来自婴儿出生时与母体的分离。婴儿由于突然离开母体，面临着许多内外的刺激，从而产生一种对危险的无力感。弗洛伊德称这种体验为出生创伤，创伤体验是焦虑的原型，分娩形成的焦虑是婴儿心理无助的产物。此后，只要幼儿遇到无法应付的情形，都将触发焦虑。弗洛伊德认为，出生创伤是以后一切焦虑经验的基础，焦虑代表了早期创伤经验的重复。这种最初的焦虑随着幼儿心理的发展，相继转换成了分离焦虑等各种形式的焦虑。

认知发展理论认为，分离焦虑是幼儿知觉和认知发展的自然产物。6～8个月的婴儿头脑中已经形成关于熟人面孔的稳定"图示",而生人面孔则成为恐惧的潜在刺激物。这一年龄的婴儿在产生陌生人恐惧之前,常常凝视着陌生人。这种短暂的凝视不是恐惧引起的"惊呆",而是一个认识过程:这个人是谁?这个面孔和他熟悉的那些面孔是不是一样?原来熟悉的亲人的面孔到哪儿去了?当他们不能回答这些问题时,就会对陌生人产生警觉,同时用哭声来召唤熟人。婴儿会对无法预料养护者去向的分离,表现出抗拒和紧张,因而产生分离焦虑。

行为主义及学习理论认为,焦虑和害怕是一种学习,是后天获得的。当一些情境经常与危险相联结时,个体通过工具性条件反射或经典条件反射习得焦虑。行为主义的代表人物班杜拉也对焦虑的形成提出不同的见解。他认为:"几乎任何经由直接经验能得到的学习结果,也都能经由另一种方法得到,即观察别人的行为及其结果。"也就是说,焦虑的症状行为是通过向他人学习而得来的。如果一个儿童的母亲害怕狗,那么儿童就会学着妈妈的样子对狗感到害怕。

习性学理论认为,分离焦虑是相对复杂的情感反应,产生焦虑的部分原因是对不熟悉事物的一般性恐惧焦虑。其代表人物鲍尔比认为,婴幼儿面临的许多情境实际上都蕴含着自然的危险信号。在人类的进化过程中,这些环境经常与危险联系在一起,从而人类就会对它们产生恐惧,形成了一种具有生物基础的自发反应。如果婴幼儿有能力把不熟悉的事物与熟悉的事物做出区分,当他们与熟悉的陪伴者分离的时候,婴幼儿就会本能地对陌生的面孔、陌生的环境感到恐惧。按照习性学依恋理论，怯生和分离焦虑的产生，是幼儿依恋产生的标志，即幼儿的陌生人焦虑和分离焦虑都是与幼儿的依恋息息相关的。对养护者产生依恋情感的幼儿，在与养护者分离的时候，会因为感到失去依靠和安全感，而产生恐惧和紧张的情绪，对陌生的环境和陌生的人感到焦虑。

当我们成人之后，因为我们的内在小孩始终都存在，所以，我们面临分离时，分离焦虑依然会发生。尤其是在亲密关系中，分离焦虑的体验会更为显著。伴侣之间分离之后，就会产生一种哀伤的情绪。即便再过一段时间还能见到彼此，但在分离的过程中，分开的伴侣内心还是存在一定的哀伤，以及对彼此的思念、牵挂。为什么我们说离婚和丧偶，需要经过好多年的心理辅导和自我疗愈，才能最终回归自我？因为这是一种丧失，是爱的丧失，是关系的丧失，活生生地把你那颗心带走了，你要再回归自我是很难的。失恋也是一样的。

处理分离焦虑"送"字诀

我们在亲密关系中出现分离焦虑时，应该怎样化解？不要小看这个问题。你化解亲密关系中分离焦虑的方式，决定了你跟爱人之间爱的方式。比如，第一种方式，要走的人说："我要走了，你在家里好好的。"留下的人说："走吧，走吧，快走！"这种化解分离焦虑的方式就是"你快点走，省得我难受"。第二种方式，留下的人说："你别走！你别走！你走了我怎么办？"

十送红军：送别爱人有智慧

这是一种苦苦哀求的化解方式。第三种方式，是冷漠、逃避，不说话，听爱人说今天要走，怕送别引起伤感，于是干脆躲起来了。第四种方式，你要走，你嘴巴还没张开，或者你刚说："今天我……"对方就不见了，跑了。对方的潜台词是说："你别说了，我走！"这种人最容易在亲密关系中草木皆兵。一看有风吹草动，他第一反应就是："我先比你跑得快！"不要说送你了，他自己先跑了！

与逃跑相对的，"送"其实是一种积极的行为，是一种能力。当你有了这种送别的能力，你就化解了你的分离焦虑。在送别的过程中，既表达了分离焦虑，也升华了分离焦虑。

《十送红军》中，因为通过这样反复地表达焦虑，就是一送、三送、五送、七送……反复地表达不舍，一方面释放了焦虑，另一方面升华了由于分离带来的不良情绪。接下来，分离的焦虑就化成了浓浓的思念和祝福，实现了升华。战争年代，老百姓在唱着送红军的歌送亲人去战场时，那不是一般的分离，那是无法预知亲人还能不能回来的分离。如果没有通过歌唱等形式来充分表达自己的情感和情怀，无论是百姓还是军人，都无法安心分离。

《十送红军》给予了我们一个很大的启示，那就是我们在亲密关系中，如果真的非要分开，那我们就送别，好好地送别。这就是亲密关系分离的"送字诀"。尤其是失恋了，离婚了，如果走不出来，就去做心理辅导，体验一场"十送情郎"心理剧演出：一送情郎大门口，二送情郎二道桥，三送情郎山坡下，四送情郎四里半,五送情郎五岳过,六送情郎六城外,七送情郎鹊桥散,八送情郎飘过海,九送情郎逍遥游,十送情郎双手合,祝你前路顺心意,自此别离无牵绊。最后就把他给送走了。

就像李宗盛的歌词:"爱人不见了,向谁去喊冤?"哀伤辅导,只要把"送"字处理好,就能够走出来了。

曾经有一所学校的一位学生自杀了。老师们问我该怎样给班级同学做危机干预。我教给他们的方法是,请全班同学给这位同学写一封信,向他表达祝福。然后,依照当地与死者沟通的文化仪式,请大家把信撕碎放进垃圾桶。最后,全班同学一起唱一首歌向这位同学表达送别和祝福。经过这样的处理,同学们就送别了这位同学,心中的阴影也逐渐散去了。

当我们不得不因为一些原因分离,尤其是因为一些社会道德方面的要求,我们真的需要做好送别。比如,如果留守儿童的父母懂得"送"字诀的话,可能就会让自己的孩子送送自己。我们看到留守儿童的父母上车时,爷爷奶奶把孩子从汽车上拽下来,孩子哭哭啼啼的,父母也不和孩子说一说道别的话。父母走了几天了,孩子还会跟在过往的汽车后边跑边追着喊。如果实在没办法,不得不和孩子分离,不如就让孩子送送自己。怎样送?第一天妈妈告诉孩子:"半个月后,妈妈就要走了,你送送妈妈吧。"送一回。第二天,妈妈又告诉孩子:"再过十多天,妈妈就要走了,你送送妈妈吧。"又送一回。连续送好多天。妈妈再让孩子来送自己时,孩子就会说:"走吧走吧!"然后孩子就自己跑去玩了。这其实是一种心理上的系统脱敏。系统脱敏是指一个人对某件事情或物品感到很恐惧,但是,通过多次呈现与这件事或物品有关的信号,一开始,信号很轻微,当事人产生的恐惧在能够接受的范围内,接下来,逐渐增强信号,逐渐脱去当事人对这件事情发生的敏感度,让恐惧最终消失的过程。孩子的分离焦虑在多次送别的过程中已经逐渐宣泄完了,对于分离的恐惧逐渐消失了,最后,真正分离时,他就不再焦虑了。

送,就要积极主动地送,不要被动。你不送的话,就相当于被抛弃了。你送的话,就不是被抛弃。这两种感受是不一样的。你让小孩送你,小孩就不会认为自己是被抛弃了。你让爱人送你,爱人就会感觉到和你不是关系的丧失,而是你即使走了,你们的关系依然在,对方不是被你抛弃了。这是不一样的。所以,从被动到主动,从消极到积极,从焦虑到这种升华上来的情感,一种浓浓的爱的体验,就在这里表现出来了。

参考文献

1. 周锦涛,周喜珍.《十送红军》:一首革命历史的颂歌[J].湘潮,2010(09):42-45.

2. 孟昭庚.《十送红军》歌曲问世记[J].世纪风采,2019-(01):45-47.

3. 戴彦敏.赣南客家音乐传统曲牌《长歌》(送郎调)艺术特征探析[J].名作欣赏旬刊,2017(17):168-169.

4. 袁立壮.西方儿童分离焦虑及其干预[J].教育评论,2010-

(3):155-158.

5. 罗晓路,俞国良.沃尔普:行为治疗与系统脱敏技术的创新者[J].中小学心理健康教育,2016(19):35-38.

走西口：
珍惜精神的面包

走西口的历史文化

在前一章中,我们讲了"送"。当我们在面对分离时,把分离的消极、哀伤、丧失转换成一种积极主动去送别的心态,就觉得自己没有那么伤感了,是自己在掌控自己的命运,而不是自己被抛弃了。在本章中,我们来讲"走"。在我们的一生当中,难免也会遇到需要"走"的时刻,那么,要怎样"走"?

在我国近代历史上,有五次重大的移民迁徙事件,分别是"走西口""闯关东""下南洋""赴金山""湖广填四川"。

"走西口"是指从明朝末年开始,数以万计的山西、陕西北部地区的汉民,因当地土地环境恶劣,又连年旱灾,无法维系生存,而官粮租税又重,不得不离开自己的家乡、亲人,前往内蒙古西部的大草原谋求生路,形成了蒙古族与汉族相融合的社会现象。据学者研究,"西口"特指归化城(今呼和浩特市旧城)。在这样的社会背景下,晋陕蒙三省的音乐相互交融,诞生了二人台小戏《走西口》。《走西口》讲述了一对新婚不久的夫妇为走西口谋生存而不得不分离的故事。"走西口"的路上艰苦异常,福祸难料。多少人上了"走西口"的路却再也没回来。女人们留在贫瘠的黄土地上,温饱难顾,最煎熬的事情就是忍受对丈夫的思念。玉莲得知丈夫要走西口,想留却不能留,不禁悲从心来,只能在临行前对丈夫一再嘱托,希望他一路平安,盼望他早日归来。由于人口迁徙,这首民歌迅速向外传播,受到山西、陕西北部及内蒙古西部广大人民群众的喜爱。

《走西口》

陕西民歌

作词：赵国柱

哥哥你走西口，
小妹妹我实难留。
提起哥哥你走西口，
哎小妹妹泪长流，
送出来就大门口。
小妹妹我不丢手，
有两句的那个知心话，
哎哥哥你记心头。
走路你走大路，
万不要走小路，
大路上的那个人儿多，
拉话话解忧愁。
哥哥你走西口，
小妹妹我实难留。
提起哥哥你要走西口，
小妹妹我泪长流。
送出来就大门口，

小妹妹我不丢手,
有两句的那个知心话,
哎哥哥你记心头。
哥哥你走西口,
万不要交朋友,
交下了的那个朋友多,
操心忘了奴。
哥哥你走西口,
小妹妹我实难留。
提起哥哥你要走西口,
小妹妹我泪长流。
送出来就大门口,
小妹妹我不丢手,
有两句的那个知心话,
哎哥哥你记心头。
走路你走大路,
万不要走小路,
大路上的那个人儿多,
拉话话解忧愁,
拉话话解忧愁。

送红军,是无奈的,为了革命的胜利,百姓们通过唱歌,一遍一遍地道别,把"送"变成了积极主动的选择。走西口,也是

走西口：珍惜精神的面包

无奈的，壮年男子们为了让一家老小活命而必须一往无前。《走西口》这首民歌如泣如诉，妻子悲伤的泪水洒在黄土地上，对命运的无法掌控，对丈夫的万分不舍，都得到了淋漓尽致的表达。细心地嘱咐丈夫要走大路，大路上有人拉话话解忧愁，盼丈夫早日回到家门口，饱满的情感表达令人闻之心痛。

我们来看看这几大移民迁徙事件："走西口""闯关东""下南洋""赴金山""湖广填四川"。"走""闯""下""赴""填"，这些动词，都反映了那个时代的人们在背井离乡谋生路时的一种无畏的勇气和开拓精神。这种奋勇顽强的开路精神，是值得称许的。虽然家人舍不得与他们分开，但依然选择了支持，选择了盼亲人归来。

当今社会的"走西口"

对于现在的我们来说，虽然没有这样大规模的移民迁徙了，但是，我们每个人的人生中，都会有"走西口"，例如出差、去异地求学，去异地工作……"西口"对于我们来说，是指什么？是指生存，是指发展，是指成长，是那个能让我们成为更好的自己的地方。我们为了让生活更美好，而选择暂时分离。当我们选择"走西口"，就会有舍不得我们的人留下来。

在每个人的一生中，会有多少人舍不得你，这样与你送别？在你走的时候，在你面对生活的无奈、困境，不得已必须走的时候，谁会这样舍不得你？爹娘、兄弟姐妹会舍不得你，因为他们和你有血缘，血浓于水。但爱人和你是没有血缘的，爱人对你原本是没有责任的，就因为喜欢你，就这样把人生给了你，把一切给了你。所以，爱情是最自私也是最无私的。我们要珍惜那位舍不得我们离去却又能在后方支持我们的爱人。

从心理学的视角来看，每一个人内在都有一个独立的精神自我。这个精神自我有归属和爱的需要，有自尊的需要，有自我实现的需要。这个精神自我需要存活下来，需要不断成长和发展，需要锐意进取，需要开拓人生，需要做自己想做的事，需要获得一种人生的最佳体验，需要实现自我的价值。

因此，我们不能只允许爱人在生理上存活下来，也要允许其精神自我存活下来。当爱人为了发展精神自我而暂时离开我们时，我们要能够理解、支持他们。只有爱人活出了其独立的精神自我，才会真正是一个活生生的。

有些男人允许自己"走西口"，但不允许妻子"走西口"。当今社会，男女平等，女性的精神自我一样需要生存和发展。所以，男人也要允许妻子"走西口"。

我们网校有很多女学员，在学习心理学之后，心理上获得了成长，言语、行为上产生了改变。她们的爱人明显感受到妻子的成长，就渐渐地从以往的不理解转向大力支持妻子学习成长。这是一种令人高兴的现象。夫妻同心，家庭会越来越幸福。

也有的男人，平时妻子在家时，不太把妻子当回事。当有一天，妻子走了，男人立刻惊觉到妻子的重要性，开始盼着妻子快点回来。男人内心里面其实还是很依恋妻子的，是很害怕被妻子

走西口：珍惜精神的面包

抛弃的，只是平时装出一副威风凛凛的样子。所以，妻子有时通过"走西口"挑战一下丈夫"送"的能力，我觉得也是可以的。你忽然两三天不回来，丈夫紧张坏了，对不对？有时候你需要这样刺激他一下。有些人的爱情已经是一潭死水了，结果妻子出去"走西口"了，走几天回来之后，丈夫终于发现妻子的好了。他平时不知道你的好。你十天不给他做饭，你看看他知不知道你的好！所以，"走"也是很重要的。在爱情中，彼此拥有独立的精神自我，是保持吸引力的关键之一。等你回到家，做做家务，做做饭，丈夫就像小孩子看到妈妈回来了一样开心。

也有的丈夫在妻子回来之后，就开始骂妻子。这时候妻子就可以对丈夫进行教育："你现在骂什么？是不是说明我重要？我既然重要，你就要好好跟我说话！"

珍惜精神的面包

现在，有的人"走西口"主要是为了物质生活，有的人"走西口"主要是为了精神生活。

如果主要是为了物质生活水平的提升，那么我们要注意不要把精神食粮弄丢了。这是不划算的。比如，有些大学生在学校里相恋，毕业时却各回各家。这种暂时分离是为了物质生活的保证，如果精神上经得起考验，那么，过一段时间后，两个人还是会走到一起，这样的情感就是非常珍贵的。然而，大多数人在追求物质满足的过程中，最后把精神食粮丢掉了，这就是邯郸学步了。

你要永远相信，面包会有的。不要为了物质的面包，而丢了精神的面包。

如果主要是为了精神生活，那么，我们也要珍惜家里那份珍贵的情感。因为，爱情里面也是有印刻效应的。就像小鸭出生之后，第一眼看到的动物，会被它当作妈妈。人也一样，拥有过一份爱情，特别是走向婚姻的爱情，其实这份感情在心中占据的比重是相当有分量的。爱人可能不是那个最完美的人，却是你心中最好的人。这世上或许有各方面条件都看起来更好的人，但却不是你最在乎的人。你的内心其实已经没有多余的空间，可以再去爱另一个人了。即便会有最初的心动和激情，也未必能撼动心中已存的深爱。因此，我们也要让家里的爱人有足够的安全感，让其明白你是他/她唯一的爱人。这样，当你"走西口"的时候，你的爱人也会放心地送你走，因为他/她知道你还会回来，你属于这个家。

你千万不要天天放狠话，动不动就说"不过了"。因为威胁性的语言会让爱人的心中很没有安全感。我们要让爱人深深地明白，我们每一次外出，都是为了更好地经营这个家庭，能够更好地爱你，更好地爱咱们的孩子。我学习，我进步，我都是为了家庭更幸福，家人都能发展得更好。

尤其是当妻子外出时，一定要安抚好丈夫。因为丈夫在妻子面前，经常需要扮演内在小男孩的角色，需要被妻子宠爱。妻子安抚好丈夫的内在小男孩，丈夫就会有安全感，安心地盼望着妻子归来。也有的女性说，我想找一个成熟的男人，一个

走西口：珍惜精神的面包

懂我的男人。其实，成熟的男人、懂你的男人，在和你走进亲密关系以后，也会渐渐表现出"小男孩"的角色，因为他需要依恋你，他需要你有时扮演一下"母亲"的角色来照顾他。他虽然不会每天每分每秒都是小男孩，但他在家里必须要有小男孩的角色，并且要获得妻子"母亲"角色的照顾，这样两个人的感情才会真正亲密。

我们在"走西口"的过程中，虽然"走西口"是被动的，但是我们面对爱情并不被动，我们依然可以主动把爱情经营好。任何一段爱情，都难免会遇到一些现实中的困难。我们能够不让现实的困难去破坏掉自己的爱情，这就体现出我们爱的能力了。此刻，我们需要暂时分开，你暂时需要出去打拼，那你就大胆地走吧，我会好好地留守后方。

爱情里的"坚贞"是非常宝贵的，也是最美好、最令人追求的。所以，我们一定要珍惜那些对我们好的人，一定要珍惜那些舍不得我们的人。因为，在你的生命当中，你其实很难遇到真的愿意等你、愿意守你、愿意相信你的人。

当"乱花渐欲迷人眼"

当今时代的"走西口"，其实也是存在很多危机的。有的人在"走西口"之后，就渐渐开始寻找新的浪漫关系。也有留守在家中，却和其他人产生情感关系的。这两种情况，都是没有主动建设好自己的爱情大厦，把自己幸福的阵地给丢了。

不忘初心,方得始终。人生或许会浪涛汹涌,然而爱情不可以随波逐流。因为,那是生命里最宝贵的感情,是最值得珍惜的关系。当我们不得不与爱人暂时分离,我们要记得彼此的初心,记得彼此的珍惜,别因一时的乱花迷眼,而丢失了生命中的珍宝,过后追悔莫及。

祝福所有"走西口"的人,回来之后彼此感情更加醇厚。你的妹妹在家里等着你。你的哥哥在家里等着你。你的幸福在家里等着你。你世间难求的精神财富在家里等着你。

参考文献

1. 谢亚萌. 山西民歌的艺术特色与演唱分析[D]. 成都:四川音乐学院,2016.

2. 易思维. 探析民歌《走西口》的创作渊源与演唱技巧[J]. 民族音乐,2019(1).

3. [美]Jerry M. Burger. 人格心理学(第八版)[M]. 北京:中国轻工业出版社,2015:288-296.

敖包相会：
在哪里约会的学问

浪漫爱情的强烈吸引

两个人恋爱时,最美妙的感觉,莫过于彼此心中都洋溢着浪漫与激情。

浪漫爱情具有强烈的吸引力,恋人们把注意力高度集中在彼此身上,并会难以控制心中对对方的爱,内心的感觉就像"小鹿乱撞"一样。自古有诗云:"月上柳梢头,人约黄昏后。"一对恋人真情相约,见到彼此时,双双立刻掉进蜜罐里。这时,轻轻地拉着彼此的手,身上都会流过触电般的奇妙感觉。两个人一起说说话,就会觉得很开心;一起做一些双方都感兴趣的事,或是一起做一些很有意义的事,更会觉得浪漫无比,感到世界因对方而充满了色彩。

阿瑟·阿伦认为,浪漫爱情不是一种情绪系统,而是使两性之间建立并维持亲密关系的动机系统。这种动机系统带来一种基本的交配驱动力。道尔顿·普法夫把驱动力定义为一种神经状态,它能激发和指导个体行为满足自身特殊的生物需要,进行生存或繁殖。

因此,在恋人发生性关系之前,浪漫约会的阶段其实是特别珍贵的一个阶段。从心理学的视角来看,在这个阶段,两个人之间"激情"所占据的比重会很高,因为大脑在此时会投入很高的神经递质资源。中枢多巴胺、去甲肾上腺素和 5- 羟色胺与其他神经系统相结合,以不同的比率对浪漫爱情的各个方面起作用。浪

敖包相会：在哪里约会的学问

漫爱情的新陈代谢非常昂贵。早期阶段，强烈的浪漫爱情可能是一种适应机制，能够让人们把求爱时间和交配能量集中在一个首选的喜爱的个体身上。

我们无法欣赏到，这些如蜜蜂般勤恳劳作的神经递质，是如何在自己的大脑里工作的，但我们可以觉察到自己的身体上和心理上的体验。西方心理学家斯腾伯格提出爱情三元素理论，指出人类爱情的三个元素分别是激情、亲密和承诺。这三元素齐备的爱情，才是真正的爱情。我们很有必要认真思考一下，在这样一个珍贵的阶段，怎样约会可以增进浪漫的感觉，可以让彼此都觉得非常享受。同时，在约会中，哪些方式方法，还可以同步帮助"亲密""承诺"两个爱情元素水平实现进一步提高。毕竟，爱情三元素齐备，才是最为甜美且稳固的感情。

我们先来欣赏一首著名的民歌《敖包相会》，再来做分析。

《敖包相会》

作词：玛拉沁夫，海默

作曲：通福

十五的月亮升上了天空哟，
为什么旁边没有云彩。
我等待着美丽的姑娘呀，
你为什么还不到来哟嗬。
如果没有天上的雨水呀，

爱情心理学：流淌在民歌中的爱情智慧

> 海棠花儿不会自己开。
> 只要哥哥你耐心地等待哟，
> 你心上的人儿就会跑过来哟嘀。

这是一首内蒙古大草原上的爱情民歌，叫《敖包相会》。敖包是内蒙古人的一个图腾。最早的时候，草原游牧民族的人们会捡一些石头，堆在草原上一些地势相对比较高的地方，作为指路的标记。比如，一位牧民赶着羊群可能会跑几十里、几百里，但是回来的时候怎样找到回家的路？不容易找，那么，他就在沿途地势高的地方做个标记。这个标记本身是为了给牧民们指引回家的方向，但渐渐地，它在人们的内心里就会生出一种神圣感。有的人走到标记的地方，就会主动为石头堆再加一块石头，加着加着，这个标记就由物理层面的意义，上升为精神层面的了。这个标记就被称作"敖包"。即使人们已经能记住回家的路了，但是，只要一走到敖包旁边，就要祭祀一番。敖包就从原来指路的功能型的作用，发展成了祈祷平安、祈求风调雨顺的精神型的作用了。所以，敖包就变成了一个图腾。祭祀的时候，蒙古族的人都要去敖包。年轻人约会也喜欢约在敖包附近。敖包附近有一些植被，小年轻们就躲在植被里谈情说爱。

约会地点有讲究

对于恋人来说，好不容易盼到可以见面，那么，在哪里约会呢？

首先，我们来盘点一下大多数人经历过的约会地点。

大自然类：树林间，小河边，湖水边，大海边，敖包旁，公园里，旅游景区，山上，树上……

交通工具类：游船，汽车，公交车，自行车……

公共空间类：马路，操场……

文化场所类：图书馆，博物馆，美术馆，历史纪念馆……

商业场所类：饭馆，美食街，商场，茶餐厅，咖啡馆……

住宅类：双方各自居住的房子……

在这些约会地点里，有些地方是很有趣的。例如，有些民族的人们本就喜欢爬树，在树上约会就很正常，也充满了趣味。

《敖包相会》里的约会地点是在图腾敖包旁，并且是在农历十五的晚上。月圆似梦，没有云彩的遮挡，皎洁的月光让思念更深，小伙子焦急地期盼着心爱的姑娘到来，忍不住高歌起来，深情回荡在草原上。姑娘回应着："如果没有天上的雨水呀，海棠花儿不会自己开。只要哥哥你耐心地等待哟，你心上的人儿就会跑过来哟嗬。"两颗热切的心儿相爱相盼，美好至极！

这首民歌之所以动人，是因为里面含有"等待"的成分。在歌词中，我们可以看到"你为什么还不到来""等待"和"耐心地等待"。亲爱的读者朋友，你等过恋人吗？等过多久？等待，其实是一种心理能力。幸福有时候是等来的。我们在等待的过程中，更见思念之深，见面时，也就更觉得开心、激动、欣慰、满足。在爱情里，给彼此一些等待的空间和时间，是十分智慧的选

择。因为,等待的过程其实是非常难得的浪漫体验。

以往,两个人彼此有情,但长期交往是不方便的。因为不能天天相见,当一对恋人好不容易才见到一回,这种感觉就特别美好。如今,导致爱情的体验没有那么多美好了的原因,恰恰就是恋爱的方便。恋爱的过程缩短了,爱情的生理系统就被破坏了。所以,现在很多人试图进入一个快车道,不谈情说爱了,彼此之间也就没有那么多美丽的语言和行为了。一个男孩追一个女孩,如果她半个月还没跟他发生性关系,他就转身了。这样一来,他就没有了人类进化以来恋爱的本能了。两个人卿卿我我、两情相悦的过程没有了。这是很可惜的。

《敖包相会》中,这对恋人是在月光下相会。中国有个成语叫作"花前月下"。月亮在中国人的文化隐喻里,象征着团圆,象征着回家,象征着爱情,象征着和美,象征着母性,象征着高洁……自古以来,人们对月抒情言志,在月亮上投射着自我心中的美好和追求;人们对月诉说思念,把月亮视为爱情的知音。文化隐喻因其意义的导向功能,可以对人的心理活动产生动力作用。当女孩子来到月光下约会,身心就会变得更加柔美;当男孩子来到月光下约会,心境也更容易变得温柔,面容也更加柔和。对于中国人来说,在一轮圆圆的明月之下约会,浪漫的体验会更加深刻。

总体来说,在大自然中约会,能够给恋人们带来最为美好的体验和记忆。人类本就是大自然中的物种,离不开大自然的怀抱和滋养。人类在进化历程中,在还没有蜡烛的时代,在汽车、轮船还没有被发明出来的时代,谈恋爱基本都是在大自然里。男孩摘一朵花送给女孩，摘一个果子送给女孩，到女孩家里去干点活，这些都是非常浪漫的事情。

大自然的物理世界，经过人类的文化隐喻、象征过程，造就了一个心理世界，开始产生了对于爱情最为美好的祝福。人们在约会的过程中，爱情的心理世界一旦打开，就会涌现出无限美好的体验。唯美、浪漫、激情、亲密、承诺，都在心中升起。在大自然中约会既具备高质量享受，又不需要花很多钱。我们要避免一个误区，就是认为越肯花钱，越可以制造浪漫。其实，大自然是天然的浪漫之所，是人最容易释放真性情的地方。最真挚的爱情，恰恰源自生命之真的释放。为什么从古至今，爱情让人为之生、为之死？所谓真爱，爱情里的真，源自我们每个人内在"赤子之心"的真。随着社会自我的发展，很多人的"赤子之心"被隐藏在了社会自我里面，成了内在小孩，但是我们的这颗赤子之心始终都存在，其天真、其纯真始终都存在，伴随着我们一生。

从自我人格层面来看，在爱情中，男人的自我存在着"内在小孩""父亲自我""男人自我"三种角色，女人的自我存在着"内在小孩""母亲自我""女人自我"三种角色。内在小孩是以"真"与对方相处。"父亲自我"或"母亲自我"在和对方相处时也是付以真心的，"男人自我"与"女人自我"身体的联系也是真的。恋人们彼此之间能释放真性情，才能建立真感情，关系才会更稳定。

现在我们之所以不能够体验到爱情的美好了，或者体验到的爱情的温度上不去了，就是因为我们离大自然太远了。我们的祖先们体验到的爱情的巅峰水平状态是高于现代人的。他们因为没有现代的很多障碍，比如手机等，他们可以把身心全部交出来，投身到自然情景中去，让心理和环境相连接，最后达到一种爱情的巅峰状态，就是爱情的福流。爱情的福流，那样一种让人生、让人死、让人难忘的巅峰体验，现在还有几个人能体会到？所以，一定要投身到自然环境中去。如果你还没有遇到爱情，也要让自己去多认识一些人，你才可能遇到美好的爱情。不然，你一直停留在原来的圈子里面，就很难碰到美好的爱情，也就没有体验到爱情的福流的机会了。

《敖包相会》中，这对恋人的身外还有一个唯美的世界，一个文化的世界，一个心理的世界。爱情是两个人置身于一个多维度的世界中互动的过程，不只是两个人身体结合这么简单，也不只是两个人关系的走近，也不只是两个人心理的连接，而是一个立体多纬度的连接。有身体和心灵的和谐交融，有外部的敖包背后的图腾文化，有月光、草原这样一个美丽辽阔的环境，再加上两个人心跳的声音，最后他们就能享受到爱情的巅峰体验。这是非常了不起的！

所以，到大自然中去，并且在文化隐喻所指向的幸福的地点，再伴着一轮皎洁的圆月，这才是恋人们约会的绝佳选择。

吊桥效应的启示

在爱情心理学研究里，有一个著名的心理效应叫作"吊桥效应"。

1974年，著名的心理学家阿瑟·阿伦在卡皮诺拉吊桥上进行了一个经典的现场实验。卡皮诺拉吊桥全长约137米，宽约1米。吊桥用2条粗麻绳及香板木悬挂在高约70米的卡皮拉诺河河谷上。当行人走上吊桥时，悬空的吊桥会左右摇摆，好像随时都可能把人荡进深深的河谷，令人觉得非常恐怖。实验中，由一位年轻漂亮的女子站在桥中央，只要见到年龄在18～35岁之间且没有女性同伴的男性过桥，她就告诉对方，希望他能够参与正在进行的一项调查，她会向他出示调查问卷，提问几个问题，并给他留下自己的电话。

然后，在另一座横跨了一条小溪但只有约3米高的普通小桥上进行了同样的实验。还由这一位漂亮女士请过桥的男士参与同样的调查。

结果，经过卡皮诺拉吊桥的男性认为这位女士更漂亮，约有一半的男性后来给她打过电话。而在那个稳固的小桥上经过的16位男性被试中，只有两位给她打过电话。阿瑟·阿伦的实验结果被称为"吊桥效应"，具体是指当一个人提心吊胆地过吊桥的时候，会不由自主地心跳加快，如果这时恰巧遇见一位有魅力的异性，那么他会错把由这种情境引起的心跳加快理解为是对方使自己心动才产生的生理反应，故而对对方产生爱意。

"吊桥效应"使得心理学家探究出了"情绪二因素理论"。该理论认为个体的情绪经验并不是因自身的遭遇而自发形成，它是两个阶段自我知觉的过程。首先，人们体验到生理上的激发，其次，人们会在周遭环境中为自己的生理唤醒寻找一个合理的解释。在吊桥效应里，人们先感受到的是自己生理上的唤起：浑身血液加速、心跳加速、双手微颤。接下来，人们会自然而然到环境中寻找线索来解释自己的生理表现。因此，情绪体验更多地取决于人们对自身生理唤醒的解释，而不一定来源于真实的情况。现实中，人们都以为是心动带来了心跳，其实，有时是心跳导致了心动。

所以，谈恋爱的时候，有一些人就会利用这种错觉。比如说，女孩子坐男孩子的自行车或电动车，男孩子一刹车，女孩子就把他抱住了。这时，女孩子就可能会把此刻的心跳理解为心动导致的心跳。还有一些男孩女孩在一起讲鬼故事，一讲到吓人的地方，女孩子就往男孩子怀里钻。

许多风景名胜区，都会在两座很高的山之间做一座玻璃桥，或者在河面上设计一座吊桥。这些都是容易发生爱情故事的地方。

"吊桥效应"其实还可以给予我们更多的启示。例如，当一个男孩和一个女孩一起去做一件有意义、有价值的事，如去帮助别人，去见义勇为……这些事情本身就会引发激动和喜悦的心情，那么，男孩和女孩就容易把这种由激动心情而引发的心跳解释为与对方有关，也就容易走进爱情。恋人一起去做一些有意义的事，做一些去实现人生价值的事，也更容易增进感情，同步提升爱情三元素的水平。

值得注意的是，把心跳解释为由心动引发，其前提是对方能够体验到你身上的美好。因此，我们在约会时不可滥用心跳。有些心跳如果找不到美好的理由来解释，引发的就是厌恶和恐惧。因此，真、善、美，始终都是爱情产生的必要前提。

参考文献

1.［美］罗伯特·J.斯腾伯格,凯琳·斯腾伯格.爱情心理学[M].北京:世界图书出版公司北京公司,2010:97,103-105.

2.杨鑫辉.什么是真正的心理学[M].福州:福建教育出版社,2012:645-646.

3.赵群.月之皎洁犹如我心:以李白诗歌为例分析月亮的意象[J].现代交际:学术版,2017(3):89-89.

4.顾建梅.吊桥效应:从心跳到心动[J].检察风云,569-(21):90-91.

六口茶:建立家庭废话机制

爱情里说废话的必要

谈恋爱的时候,说些什么?结婚以后,在家里说些什么?

其实,在亲密关系中,两个人用语言交流的行为,本身就是一种隐喻,隐喻的内容是渴望身心的交流。男人身上具备雄性激素,女人身上具备雌性激素,这两种性激素,都是荷尔蒙。因为爱情的荷尔蒙作用,亲密关系中的两个人口水分泌得多,话也就不自觉地多了起来。我们知道,当一个人口干的时候,是不想讲话的。当荷尔蒙释放,口水增多,两个人之间就需要进行一些语言交流。所以,说话其实就是在说爱,空气里弥漫着的都是荷尔蒙的味道。

我们先来欣赏一首土家族民歌《六口茶》。

《六口茶》

湖北恩施土家族民歌

男:喝你一口茶呀问你一句话,你的那个爹妈(噻)在家不在家?
女:你喝茶就喝茶呀哪来这多话,我的那个爹妈(噻)已经八十八。
男:喝你二口茶呀问你二句话,你的那个哥嫂(噻)在家不在家?
女:你喝茶就喝茶呀哪来这多话,我的那个哥嫂(噻)已经分了家。
男:喝你三口茶呀问你三句话,你的那个姐姐(噻)在家不在家?

六口茶：建立家庭废话机制

女：你喝茶就喝茶呀哪来这多话，我的那个姐姐（噻）已经出了嫁。
男：喝你四口茶呀问你四句话，你的那个妹妹（噻）在家不在家？
女：你喝茶就喝茶呀哪来这多话，我的那个妹妹（噻）已经上学嗒。
男：喝你五口茶呀问你五句话，你的那个弟弟（噻）在家不在家？
女：你喝茶就喝茶呀哪来这多话，我的那个弟弟（噻）还是个奶娃娃。
男：喝你六口茶呀问你六句话，眼前这个妹子（噻）今年有多大？
女：你喝茶就喝茶呀哪来这多话，眼前这个妹子（噻）今年一十八。
女：呦耶呦耶吃呦呦耶，眼前这个妹子（噻）今年一十八（耶）。

  恩施地区的婚恋观是向往自由恋爱，勇于追求自己的幸福。这首歌听起来很像男孩子在查户口，把女孩子家里的每个人都问了一遍。而我们看到关键问题在于，男孩子喝一口茶问女孩子一句话，这个女孩子一边说"喝茶就喝茶，哪来这么多话呢"，但她还是会回答。为什么会有这种心理？

  有句话叫"女追男隔层纱，男追女隔座山"。然而，前提也得是两个人之间彼此来电。不然，这纱也是绝缘体。女孩子若对男孩子有意思，那么，这座山也可翻越。《六口茶》里的这一对男女就相互有意。问的每一句，看起来都是废话，但是都能让人感受到男孩子那份与心上人说话的激动。女孩子每一句也都认真回答，并且暗示家里只有自己一个人，谈情说爱很方便。两个人之间相互试探、相互挑逗，让人心领神会。

我们从中能够看到，废话在爱情的交流中其实有着出人意料的作用。这种作用就体现在它能够打通爱的交流通道。在刚刚恋爱的时候，许多恋人通常都感觉到和对方似乎有着说不完的话。刚刚打完几个小时的电话，手机都烫了，挂电话之后，就好像没打过一样，还想再打。见面相处了大半天，刚刚分开，又开始想念对方。但是，到后来，很多人又会发现彼此没有话讲了。怎么办呢？

我们在讲故事的时候，往往真实的故事最为动人。同样地，当两个人在亲密关系中，以最本真、最放松的状态说说话，亲亲密密地表达一些最真实的感受，其实最能满足作为一个人渴望真诚交流的需要。

因此，我主张在恋爱中，在婚姻家庭中，建立"废话机制"。什么是废话？就是说一说彼此生活中哪里有一点小快乐、哪里有一点小惊喜、哪里有一点小疼痛、哪里有一点小痒痒之类的鸡毛蒜皮的小事、琐事、闲事……没话找话，就是要和对方说说话，什么都愿意和对方说。这些话的内容，不是重大新闻，无关人生意义，不卖弄才华本领，不凸显人品高尚，就是说一说跟"咱俩"有关的小感受、小事件、小情绪、小情感、小思考、小领悟……虽然说的是废话，但并不等于无聊，因为表达的时候是发自内心的，所以话语的内容也会常常带有很多趣味。

这是从行为上来"以动制静"。说着说着，原先已经干涸的感情之井就又开始冒出水来了，一开始只有一点点，后面越来越多，爱的心流就再次打通了。尤其是多年的夫妻之间，关系已经

六口茶：建立家庭废话机制

走到了危险的边缘，用这种方法挽救感情会很有效果。因为，这些废话里面，在心理层面透着的是亲密的真意，在生理层面又释放着荷尔蒙，会让对方获得一定的对于爱情和关系的满足。

很多夫妻在40岁以后，各忙各的，彼此之间的话少了，亲密行为也变少了，觉得与对方的相处越来越没意思。但通过废话的交流，双方渐渐地又可以重温快乐和激情。说废话，是一种铺垫，是一份前奏，是吸引荷尔蒙释放的利器。当两个人说出感觉来了，性的亲密交流也就自然而然地发生了。

在亲密关系中，说废话，就是一种沟通的能力，是一种表达的能力。对于爱情，不说话是很有杀伤力的，彼此之间死一般的寂静，对于人心是一种消磨，会令人害怕、令人忧伤。

值得注意的是，在说废话的时候，不要变成啰唆、抱怨和指责，那样还不如不说。因此，我们在说废话的时候，要调整成微笑的面容，调整成积极的心态。做出积极的行为，能够唤醒我们内心舒适、愉悦的情绪。说说废话聊聊天，越聊越甜！

你打通的可是爱人心底纯净甘美的"天山雪水"，是真爱一生的缠缠绵绵。所以，用心去聊天，用心去感受，用心去珍惜！而不是陷在一堆过往不良情绪的高墙里囚困自己的后半辈子。你要跳出来，给自己重新体验生活的机会。只要你开始了新的积极行为，那些让彼此不舒适的旧账就会不知不觉全部勾销了。

和对方说废话，要有点穴的毅力。点了一个穴位，对方没有反应。那好，我加把劲，点另一个穴位。总有一个穴位，可以让对方有反应，能够接你的话。渐渐地，两个人就又有话说了。当这个世界上还有人可以和你说得着话,能够说到半夜,心之甘泉就会汩汩地流淌,滋养你,而这个人还是你的爱人,这更是一种难得的幸福!

说废话需要能说、肯说。回家之后,哪怕自言自语,例如:"今天,我去参加韦老师的录课了,韦老师讲了关于夫妻关系怎样经营的智慧,里面可多讲究了。有这么一种观点,你听听看觉得怎么样……"对方说:"我要看电视!"你说:"来嘛,听我说嘛!听听听,是这样的……"废话说多了,真的会有用的。

有的朋友会问,我不会说话,平时也很少讲话,那该怎么办?《六口茶》给予我们一个启示,那就是喝茶。喝口茶,茶叶内的有机酸会促进唾液腺分泌,产生生津效果,儿茶素和糖类物质还会带来回甘的美好感受。同时,喝茶还会令人精神振奋。嘴巴甘润了,神清气爽了,就容易讲出话来了。今天讲出来一句,明天讲出来两句,讲着讲着,讲话的能力就锻炼出来了。

有的朋友会说,我觉得我讲的话,我的另一半听不大懂,或者不愿意听,所以慢慢地我就不想讲了。其实,讲话不在于对方能听懂多少,而是向对方进行的一种表达。你们本就是恋人或者夫妻,你不跟他/她说跟谁说呢?如果他/她不听,你就说:"给我坐好!我说给你听!"把他/她的头扳过来看着你,你讲给他/她听,这种办法是有用的。如果你们本身的感情之火已经灭了,你还不赶快钻木取火,那你们的感情怎么经营?如果你跟他/她一说什么,他/她就说:"有什么事吗?"你就说:"没有,我就想跟你说点废话。"就这么直来直去,反倒容易达成沟通。告诉对方:"你作为我的爱人，必须每天得给我一个小时的废话时间！"

说废话的更多好处

说废话除了能打通心流，还有更多可以帮助提升积极关系的作用。

其一，能够让爱人对你放心。比如，我们在上一章中讲到"走西口"，怎样让爱人可以放心地允许你出来？就可以在平时运用好讲废话的作用。向爱人说废话，也是一种满灌疗法。满灌疗法又称"暴露疗法"。你什么都告诉爱人，什么都暴露给爱人，让爱人觉得你在他／她面前什么秘密都没有，爱人就会坚信你非常需要他／她，离不开他／她的关心，而不再恐惧你在外面会有什么。每一句废话，都是一次荷尔蒙的交流，都是一次关于亲密关系的彼此确认。当你们的感情在家里稳固好了，你在"走西口"时自然会挂念、珍惜家里的爱人，也不会那么容易被别人带跑。

其二，能够带动心事交流。讲废话时，说着说着，就会说到一些心事上来。虽然爱人之间并不需要百分之百完全透明，但是爱人之间能够交流一些心事，是非常关键的。有些心事不讲，就像一条河里面放进来一块块大石头，会在一定程度上阻碍爱的流动。如果两个人都很会说废话，很会表达，也很会倾听，你一句，我一句，说着说着，问题的关键点就交流出来了，然后，两个人要么同心协力解决难题，要么能够产生积极面对问题的适应性的心态。两个人中，有一个会说废话的，另一个即便不太会说，也是很不错的。会说的这个人说着说着，自己可能就找到如何面对问题的方法了，而另一半虽然不太会说，但只要态度上有陪伴、有支持，彼此也能感受到夫妻同心的幸福。

其三，废话有调情作用。两个人之间多说一些打情骂俏的话，调侃一下对方，创造一些只有彼此能听懂的私密语言，都会令两个人关系更为亲密。有这样一个故事。有一位新郎在新婚之夜，依然看书到深夜。新娘希望能和他亲亲热热地交流夫妻感情，于是不满地说："但愿我也能变成一本书。"新郎疑惑地问："为什么？"新娘答："那样你就会整日整夜地把我捧在手上了。"看到妻子一脸不高兴的样子，新郎打趣道："那可不行，我每看完一本书就要换新的……"新娘赶忙说："那我就变成你桌上的大辞典！"说完，两个人都忍不住哈哈大笑起来。这位新娘没有用争吵和流泪，而是用充满趣味的"废话"把新郎的关注点转移到了自己身上，并且达到了表达感情、交流感情的效果。

其四，能够调节家庭整体氛围。有一些家庭，不仅夫妻之间不讲话，孩子也不怎么跟大人讲话，家里的气氛就会令人觉得十分沉闷，甚至压抑。当其中一个人开始向大家表达想要说说废话的想法，往往能够引起所有人的共鸣，这时候，全家就比较容易聊得开，家庭气氛就热闹起来了，家庭里夫妻之爱、亲子之爱就都流动起来了。所以，家庭成员很有必要约定一个全家一起说废话的时间。

人与人之间进行心灵的沟通，使用语言是最容易把我们的内心世界呈现给对方，实现彼此心与心的连接的方法。语言是

六口茶：建立家庭废话机制

我们进行情感表达和连接的一种本能。如果我们真的把这份连接给断了，就太可惜了。所以，我们一定要建立起"家庭废话机制"。

参考文献

1. 游红霞.民歌的"旅游化"及其开发路径：以恩施民歌《六口茶》为例[J].湖北民族学院学报（哲学社会科学版），2015(03):33-36.

2. 张掌然.交际艺术品评[M].武汉：华中理工大学出版社,1988: 250-251.

康定情歌：
求爱的方法

爱情心理学：流淌在民歌中的爱情智慧

求爱是人性的自由本能

求爱，是人们向心仪的对象表达爱慕并希望获得对方的爱的一种行为。

人们希望和自己爱的人相依相伴。人们不希望错过自己心爱的人。在求爱的行动里，有着人们的很多勇气。人们追求爱情的自由、自主，追求爱情的真情实意，追求一份让人生幸福的可能。求爱成功，令人欣喜若狂；求爱失败，令人心酸落泪。无论成败，求爱都是一种勇敢的行为。

求爱是人的一种本能，人人都会，并且人们可以创造出许许多多精彩、动人的求爱方式。求爱不仅发生在一段亲密关系开始之前，在恋爱和婚姻的任何阶段，求爱都会不断发生。每一番求爱和酝酿的过程，都使爱情的福流一次又一次地在两个人身心里涌动。这也是爱情里非常有情趣的地方，是人性中极具美感的部分。特别是当关系出现平淡危机或者信任危机的时候，及时的求爱就可能带来转机以帮助挽救关系。

有一首家喻户晓、深受人民喜爱的求爱歌曲，那就是《康定情歌》。这首歌最初是我国四川康定城民间集体创作的"溜溜调"，后来由音乐才子吴文季先生采编，又交给作曲家江定仙先生进行了精心的编配工作。这首歌由著名女高音歌唱家喻宜萱女士首唱，不仅唱红了中华大地，也唱出了国门。20世纪70年代，《康定情歌》随美国"旅行者二号"太空船升空播放。20世纪90

年代,《康定情歌》被联合国教科文组织列为"全球最具影响力"十首民歌之一。

《康定情歌》

采编：吴文季

编曲：江定仙，吴文季

跑马溜溜的山上，一朵溜溜的云哟。
端端溜溜地照在，康定溜溜的城哟。
月亮～弯～弯～，康定溜溜的城哟。
李家溜溜的大姐，人才溜溜的好哟。
张家溜溜的大哥，看上溜溜的她哟。
月亮～弯～弯～，看上溜溜的她哟。
一来溜溜地看上，人才溜溜的好哟。
二来溜溜地看上，会当溜溜的家哟。
月亮～弯～弯～，会当溜溜的家哟。
世间溜溜的女子，任我溜溜地爱哟。
世间溜溜的男子，任你溜溜地求哟。
月亮～弯～弯～，任你溜溜地求哟。

"跑马溜溜的山上"，这里面的"跑马"就象征着爱情这匹飞驰的马儿，自由奔放，令人向往。"一朵溜溜的云呦"，"云"象征着人们对爱情的自由追求。"月亮弯弯"，象征着夜晚的到来,爱情的故事即将发生。"康定溜溜的城呦",表达了爱情的发生地。"人才溜溜的好""会当溜溜的家",是张家大哥对李家大姐的欣赏。

"世间溜溜的女子,任我溜溜地爱呦。世间溜溜的男子,任你溜溜地求呦。"这两句歌词由采编者吴文季先生添加,是整首歌的点睛之笔,一下子将整首歌的境界拓展到歌唱人类勇敢追求恋爱自由的精神。吴文季先生受人性自由解放思想的影响,歌颂对自由恋爱的追求,这种精神在这首歌里强烈地表达出来,正是革命成功、新中国成立前后时代的强音,因此,具有划时代的重要意义。

我们看到,在这首歌里,女子是被爱的,男子是被求的。在少数民族,女孩子看上了男孩子,是会主动去追求的。女孩子只需要给男孩子发出一个信号,告诉他我看上你了,这就是她的"求"了。比如,在傣族盛大的泼水节上,未婚的女孩向心仪的男孩丢荷包,这个荷包是她亲手缝制的,男孩子如果接了荷包就表示同意。在汉族,人们依然倾向于爱情里主要由男孩子来追求女孩子,但也有一部分女孩子会主动去追求男孩子。其实,从人类学上来讲,女性更能主导爱情,因为女性无论从身体上,还是从心理上,都承载着婚姻家庭中很多重要的责任。女性对于配偶的选择,具有更为重要的意义。

在双方关系定下来之后,男孩子就开始负责爱女孩子,会去做许多爱的行为。我记得我小时候,村里一旦男孩子跟女孩子定了亲,每一年的农忙季节,这个女孩子家里就等于拥有了一个免费的长工。逢年过节，男孩子还要去女孩家送礼物。除了干活、送礼物，男孩子还会做其他更多关心女孩子的事情。因此，在男孩子的"爱"里面，包含的内容是很深的。

求爱的心理资本

求爱虽然是本能行为，但也需要一定的心理资本才能顺利地进行。

求爱的心理资本主要包括勇气、爱的能力、真诚、自信、自主、信任。

勇气是强者的象征。人们在择偶过程中，无论是男人还是女人，都倾向于找一位强者，要么生命力顽强，要么意志坚强，要么能力很强。因此，勇敢求爱的人，更容易获得对方的欣赏。即便对方没有答应，也会因你勇敢的表达而感受到你是一个有魅力的人。只要表白者没有过分纠缠的话，被表白者对其也会存有一分欣赏。

爱的能力，是建立爱的关系的必需。心理学研究提出爱的关系中的"共有应答性"，它是作用于对方的感觉以及对方感受到的作用于自身的感觉。在亲密关系中，"共有应答性"是非常必要的。在相互的"共有应答性"关系中，一方关注另一方的需要与幸福，以一种接纳、允许、支持的态度，满足其需要并促进其幸福，并且，对方也能感受到这些。当一段亲密关系以相互一致的"共有应答性"为特征时，双方都会有爱和被爱的感觉。当你有爱的能力，你就会懂得尊重对方，关心对方，支持对方，给予对方，而不是只满足自己。当对方感受到你的爱的能力，对方才可能会愿意和你建立爱的关系。有一个经典的故事，一个人送了心爱的女孩一车香蕉，结果把自己感动了，而对方却没有感动，因为她只想要一个苹果。这就是爱的能力不够的问题。爱的能力不够，很难建立起具备"共有应答性"特征的亲密关系。

真诚，是求爱的前提条件。你是真心的，对方才能感觉到你的诚意，感受到这一切是有意义的，你是值得其考虑的。比如，男孩子承诺女孩子的事情，会记在心上并且去做到。再如，对方的优点，你能够很快地关注到，并且告诉对方你的发现；当对方呈现出一些缺点时，你也能够去包容，去和对方一起面对困难。又如，女孩子聊到自己喜欢吃什么，第二天，男孩子就把这份美食放到她面前了。这些都是态度真诚的表现。真诚的态度，不只包括心灵内部的真诚，也包括外部行为的真诚。如果你还有着其他恋爱关系或婚姻关系，或你心里还爱着另一个人，在没有结束的情况下，你向一个新的对象求爱，这就表示你并没有拿出足够的真诚。这时你就不要把自己当成一个小孩子，来讨得对方的爱，因为爱情里不能没有责任心。你如果没有对别人负责任的能力，就不要误以为自己是真诚的。

自信，是建立关系安全感的必备品质。你是一个自信的人，别人才会对你更有信心。如果你对自己不够自信，别人就会接收到关系不够安全、不够稳定的信号。

自主，是爱情里非常重要的态度。求爱是你自主的行为，而

康定情歌：求爱的方法

不是别人逼你的，这样才会让对方感受到你对待爱情是一种负责任的态度。无论是男孩还是女孩，都要注意一点，就是在热恋的时候，对方对自己是否用心。如果这个阶段都不用心，那么就不要指望对方在结婚以后会对自己用心了。

信任，是亲密关系的必要前提。你有信任对方的能力，对方才愿意满足你的信任，才可能建立起良好的亲密关系。你若不信任对方，那么，这段感情势必令两个人都烦恼。

求爱的思维

在爱情里，要做一个有心人。想要策划一种妥当的求爱方法，就需要建立起求爱的思维。

第一，我们在求爱之前，要对自己与对方的匹配程度有所考量。我们需要主动去了解对方，去认真地倾听对方，明白对方是怎样一个人，他的人生价值观是怎样的？他的性格是怎样的？他的情绪能力是怎样的？他的人生效能如何？他从哪里来？他背后的生长环境、历史文化是怎样的？自己与对方有哪些相同与不同？他最近经历了哪些事？这些事对他产生了怎样的影响？自己与对方匹配的地方在哪里？

有一种比较有利于双方关系稳定的匹配，就是对方在成长过程中所缺失的部分，所需要满足的情结，恰恰就是你所具备的。比如，一个女孩子，她原生家庭的爸爸太暴躁了，她骨子里就是要找一个宽容、宽厚的男人。而你恰恰就匹配了她这一点。原始的缺失是不容易满足的，别人代替不了的，所以，她和你在一起，关系就会比较稳定。再如，一个男孩子，他的妈妈可能比较懦弱，没有主见，他从骨子里就是要找一个有主见、自尊心强、自信心强的女性。他一旦找到了这样的女孩子，就会心甘情愿地跟着她走。

从人类进化发展的视角来看，人们会依据配偶选择偏好和配偶选择决策两方面来进行配偶选择。双方都会有自己的选择偏好，愿不愿意和对方走到一起，能不能和对方匹配，在产生决策之前，则需要进行更多的考量。年轻女性在进行配偶选择时，通常会考虑对方的遗传基因品质和抚育孩子的能力及意愿。年轻男性则通常会竭尽全力选择具有最佳生育能力的女性。与此同时，双方还会考量彼此的品德、心理健康程度、动机、态度、对关系长久投入的能力、家庭文化、兴趣爱好、共同语言等多方面因素。人们如果得不到自己心仪的目标对象，就会考虑与同自己综合因素较为匹配的对象交往试试看。有些恋人就是在交往、相处的过程中，逐渐产生了深刻的爱情。人们如果发现自己心仪的对象存在某些关键匹配特征上的缺失，例如人品差，或者对自己毫无兴趣，也会倾向于做出不选择这个人的决策。

第二，我们要制定好求爱的策略，进行一系列的积极行为。时间、地点、语言、行动、道具等，都要想好，预估一下可以达到怎样的目标，然后把一切都安排好。求爱是一项仪式，要完成从爱慕到表白、追求的心理过渡。求爱不一定就能一次成功，有很多时候，人们需要经过多次求爱的行动，让对方真正理解了自己，懂得了自己，产生心动，才能成功。求爱之前和求爱之后，内心的体验会有很大的不同，承担的责任也是不一样的。如果求爱成功，就要进入恋人的角色，承担起爱的责任，而不是成功了就等着对方来爱自己了，开始无止境地索取。如果没有成功，就要照顾好自己的心态，渐渐回归自我。只有保存好完整的自我，才可能在下一次求爱中获得成功。

第三，我们要评估求爱的效果。对方满意的程度是怎样的？关系提升的程度是怎样的？是否有必要进行下一步？下一步怎样改进？

求爱的方式

在自然界中，动物们有很多种求偶方式。比如，织巢鸟会编织一座漂亮、温暖、结实的巢穴来向心仪的雌鸟求爱。南极洲的企鹅会到大海边努力寻觅光滑漂亮的石头，然后摇摇摆摆地走到心仪的企鹅面前，怀着希望将这份礼物放在它的脚边。雄连雀会把樱桃送到心爱的雌连雀嘴里，雌连雀如果被打动了，它就不吃这颗樱桃，而是把它送回"男友"的嘴里，两只鸟就这样柔情蜜意地将一份礼物送来送去。河豚会在海底画一座美丽的麦田圈吸引异性，然后一起在圆圈的中央交配产卵。人类的求爱行为其实也与动物们有很多相似的地方。

我们先来看看，对于求爱，人们在文化上通常有哪些说法。有的地方把追女孩子叫作"泡妞"，有的地方把追男孩子叫作"抠仔",有的地方把求爱叫作"搞对象"……这些说法虽然不是那么高雅,但是也能反映出集体的文化心理。

"泡妞"是表达男孩子追求女孩子的行为的一种口头用语。"泡"是指相处、磨合的过程。我们在第一章中谈到女人如冰,男人如火。火怎样才能把冰融化?火若直接向冰发起攻势,表达自己炙热的感情,很可能会直接把冰吓跑。因此,要含蓄一点,先烧一点温水淋到冰上,冰就不会觉得自己被烤成气体而消失了。温水把冰包围,慢慢地泡着,渐渐地,冰就化了。其间,男孩子要注意控温,一开始不能用让女孩子觉得自己会被吞噬的高温,而要用女孩子能够接受的温暖,用让女孩子始终能够感觉到自己安全存在着的温度。

"抠仔"的"抠",不是简单的勾引,而是要把男孩子拿住,获得他的真心。对于建立恋爱关系来说,最有力量的,是"心动"的感觉。一个女孩对心爱的男孩付出再多,在男孩心里也比不过让他感受到"心动"的另一个女孩。因此,女孩子不必急着去付出,先做一个独立自信的自己,做一个让心爱的男孩从骨子里需要的恋人,你会更容易获得成功。

"搞对象"的"搞",是为建立起恋爱关系而进行的积极行动。求爱过程中,是需要做很多积极行为的。以下这些积极行为,都是在求爱中比较有效果的。

其一,送一些浪漫的小礼物,讨对方欢心。中国是礼仪之邦,"礼"的文化意义在于向对方表达一份尊重、重视。礼物就是"礼"的承载形式之一。有的恋人之间,送礼物到彼此心花怒放还是会继续送。小小礼物,不断增进着亲密和浪漫。在婚后,送礼物依然是不可或缺的求爱方式。送多送少暂且不论,但不能不送。送礼物不一定就要砸钱,也可以不花钱,但一定要让对方感受到你的心意。比如,有的人亲手制作一些礼物,带给对方各种各样的惊喜。有的人会把礼物藏在家里的某些角落,让爱人去寻找。也有的人去给爱慕的男孩或女孩送饭,天天送,最终抱得心爱的人归家。

其二,筑爱巢。能买房子就买房子,买不了房子就租房子,总之,要有一个像样的家。

其三,文艺式的言语传情。比如,钱钟书和杨绛第一次见面时,彼此一见钟情。钱钟书对杨绛说:"外界传说我已经订婚,这不是事实,请你不要相信。"杨绛则说:"坊间传闻追求我的男孩子有孔门弟子'七十二人'之多,也有人说费孝通是我的男朋友,这也不是事实。"在他们婚后,钱钟书赞美杨绛:"遇见她前从没想过结婚,遇见她后从没想过和别人结婚。""她是最贤的妻,最才的女。"这些平凡却直抵真爱的言语,成了两人之间爱情的永恒佳话,也被世人所津津乐道。真情的言语,是求爱里必不可少的要素。或许它不够优美,或许它不够动听,但是相爱的人,彼此能够听得懂,就已足够。

其四,音乐传情。云南少数民族的青年男女有对歌恋爱的风俗。他们在对歌里相互了解,增进感情,走向恋爱与婚姻。苗族的小伙子则会在月光皎洁的晚上,来到山坡或高地上,吹奏芦笙或木叶,呼唤寨内的姑娘出来赏月。汉族也会有男孩或女孩通过弹吉他、吹笛子、弹钢琴、唱情歌等多种音乐形式向爱慕的人表达情意。

爱情就是我们心中那匹自由驰骋的马儿，它值得我们为之去求，为之去爱，为之去守护真心。当我们心中还有这样一匹跑马的时候，就要溜溜地去求，溜溜地去爱。这样的时光，是相当珍贵的。

参考文献

1. 郭昌平, 陈冬梅. 吴文季和他的《康定情歌》: 来自甘孜和泉州的山海对谈 [J]. 中国文艺评论, 2019(08):98-104.

2. [美] 罗伯特·J. 斯腾伯格, 凯琳·斯腾伯格. 爱情心理学 [M]. 北京: 世界图书出版公司北京公司, 2010:213-218.

3. [英] Robin Dunbar, Louise Barrett, John Lycett. 进化心理学: 从猿到人的心灵演化之路 [M]. 北京: 中国轻工业出版社, 2017:58-70.

4. 李鹏翔. 动物求爱有奇招 [J]. 陕西林业, 1999(05):45-46.

掀起你的盖头来：在婚姻中做独立的自我

爱情心理学：流淌在民歌中的爱情智慧

爱情需要神秘感

在两性关系中有一个很值得探讨的话题，就是害羞。我们发现，一对恋人在恋爱的过程中会渴望走近对方，渴望进入对方的心里面，但真的走近之后，却发现两个人之间原本的神秘感消失了。渐渐地，害羞也没有了。两个人彼此完全暴露在对方的视线里，彼此的熟悉程度堪比面对柴米油盐酱醋茶。

当岁月带走了神秘感，有些夫妻之间就会相看两厌，叹息曾经美好的爱情已变了模样，珍宝已磨成鱼目。就像张爱玲所描绘的那样，红玫瑰变成了墙上的一抹蚊子血，白玫瑰变成了衣服上的一粒饭渣子。

我们再来看这样一句歌词："掀起了你的盖头来，让我来看看你的眼，你的眼睛明又亮呀，好像那秋波一般样。"在婚姻里已经麻木的人，会不会乍然被这明亮和美丽的画面晃得睁不开眼？这里面有一个关键的物件儿，就是"盖头"。

其实，如果我们的心中有了"盖头"，再看爱人，就会发现彼此竟然还是那么美好，甚至比从前更令彼此喜爱。这个"盖头"，就是我们独立的自我人格带来的心理能力。

我们先来欣赏一下《掀起你的盖头来》这首欢快的民歌。

掀起你的盖头来:在婚姻中做独立的自我

掀起你的盖头来

词曲:王洛宾

掀起了你的盖头来,
让我来看看你的眉,
你的眉毛细又长啊,
好像那树梢的弯月亮。

掀起了你的盖头来,
让我来看看你的眼,
你的眼睛明又亮呀,
好像那秋波一般样。

掀起了你的盖头来,
让我来看看你的脸,
你的脸儿红又圆呀,
好像那苹果到秋天。

掀起了你的盖头来,
让我来看看你的嘴,
你的嘴儿红又小呀,
好像那五月的甜樱桃。

爱情心理学：流淌在民歌中的爱情智慧

《掀起你的盖头来》原本不是歌唱婚礼的民歌，而是在新疆南疆地区流行的一种乡土游戏中唱的歌，原歌名叫《亚里亚》。每年秋收，大家在麦场上休息时，就会由一位维吾尔老汉穿上妇女的裙子，披上盖头，装扮成"新娘"，再由一个维吾尔青年在一旁又唱又跳，挑逗"新娘"，引人捧腹大笑，忘却疲劳。王洛宾改编这首歌时使其旋律变得轻快活泼，意境变得抒情，让这首歌变得很有艺术价值和传唱性。

说起盖头，就要说到中国的"害羞文化"。在原始社会，人们是群婚制，没有羞耻可言。关于人们何时以洞房为新婚之所，有两种说法。第一种传说是尧在称王后，因与鹿仙女一见钟情，在姑射仙洞完婚。这个山洞被称为"华夏第一洞房"，位于山西临汾尧都区。第二种是黄帝打败蚩尤后，建立部落联盟，为制止群婚，发明了一夫一妻制，取代了母系氏族制度。中原地区普遍进入了父系氏族社会，文明时代由此开端。在拜天地等仪式后，人们会将夫妻二人送入事先准备好的洞穴（房）里。洞的周围筑起高墙，只留一个门。夫妻俩在洞里待上四十天到三个月之久，专门用来培养夫妻感情。夫妻双方的家人负责给他们送饭送水。无论哪种说法，都说明人们渐渐有了害羞意识，性行为渐渐不在野外进行了，而是有了遮蔽之所。

到了晋代，人们开始了"团扇障面"的婚俗，以"团团似明月"的团扇给新娘"遮掩春山"。夫妻之间，开始有了害羞文化。到了南北朝时期，"掩扇"婚俗逐渐在民间开始流行，新郎开始行"却扇露容"之求。北朝高官庾信在《为梁上黄侯世子与新妇书》中写道"分杯帐里,却扇床前"。"分杯"是指喝交杯酒。那时的新婚夫妇,是在饮交杯酒后,新娘才会"却扇露容"。到了唐朝时,在唐中宗、唐宪宗等帝王的推动下,以"却扇"为题的婚俗诗开始风行天下。比如:"已知秦女升仙态,休把圆轻隔牡丹","圆轻"即团扇;"自有云衣五色映,不须罗扇百重遮"……这种以扇掩面的神秘感,让新郎对于新娘的美貌更为期盼。

到了南宋时期,"盖头"婚俗取代了"掩扇"。南宋吴自牧在《梦粱录》中记载:"并立堂前,遂请男家双全女亲,以秤(杆)或用机杼挑盖头,方露花容。"这时候的盖头,已经把新娘的脸完全遮住了,害羞的意蕴就更浓厚了。

中国人以红色为喜庆之意,因此,婚礼中的盖头用的是红色方形纺织品。挑盖头用秤杆,寓意"称心如意"。旧秤一斤为十六两,对应十六颗星,含南斗六星、北斗七星及福、禄、寿三星,寓意"吉星合利,大吉大利"。挑盖头用机杼,因机杼是织布的梭子,所以寓意"长寿"。挑盖头都如此讲究,盖头之下的新娘对于新家庭的重要性就更加凸显出来。新郎对新娘以及未来生活的美好憧憬,都集中在挑起盖头的那一瞬间。

"洞房花烛夜"是人生大喜。掀起你的盖头来,让我看啊看啊看!好奇,新鲜,向往,欣赏……在当代,人们在结婚时依然会使用盖头,有的人用中国传统文化中的红盖头,有的人用西方文化中的白纱盖头。两种盖头都具备一定程度的害羞美感。新婚宴尔,两个人相互看不够。

之后，在婚后漫长的时光里，夫妻之间通常会形成两种相见模式。

第一种，两个人都穿着衣服，或可爱，或性感，或含蓄，或直接地撩动对方的心思，只有在过性生活的时候才会坦诚相见。穿着衣服，就相当于还是有一个类似盖头的存在。有的人喜欢分房睡，但是并不意味着两个人就没有感情，没有连接，当一个人到另一个人的房间串门时，往往还会有一种来约会的快乐感觉。

第二种，不注重在爱人面前的仪态，或着装随便，或行为邋遢，比如在对方面前以颓丧的姿态坐或躺，把臭袜子到处乱扔等。这种情况下，很难保证对方不会出现审美疲劳。

然而，我们还要问一个问题。如晨间初露般的美好感觉，难道要依靠爱人常新才能拥有吗？我们会看到有些丈夫会要求妻子换个造型，嫌弃对方整天就是一个造型。其实，这不能完全怪对方。有的名人长年累月地只用同样一身服装面对公众，并以此为自己的品牌形象，而依然备受关注，因为其内涵的更新是令大众充满兴趣的。因此，我们在这里面看到有三个方向，是我们可以去调整的。

其一，我们可以从外在行为上去调整。我们要把"盖头"从新婚运用到结婚以后长久的生活里。在结婚以后，依然做独立的自我，有自己独立的生活空间。在爱人面前，也可以适度地"装"一点，保持一点距离，保留一点神秘感。对爱人，既有亲密无间时，也有相敬如宾时。尊敬对方的心意会带来一定的距离美感，视对方如"宾客"也会带来一定的距离美感。装着装着，就可以成为一种美的境界。因为,有距离,就会有相互追逐的快乐。在追逐到手,没有距离时,又会很有成就感。这样生活中彼此的新鲜感和美感就会延续得更为长久。

其二,我们可以从心理内涵方面去调整。一个人的情绪能力、社会适应能力、人生效能、自尊水平等心理能力,都会影响其外在容貌。为什么有的人在面对困难时经常愁容满面、嘴唇倒挂,而有的人在面对困难时可以神色从容、嘴角洋溢着微笑?这不完全是因为外在的境遇,还与一个人内在的心理能力有很大的关系。有的人遇到困难就躲,遇到挑战就害怕,这样的人怎么可能面带令人舒服的微笑?有的人视困难为机会,尝试各种办法去解决难题,最终突破困境,这样的人如何不会带着充满希望的微笑迎接其所遇见的每一个人?有的人,其才能经常能够得到发挥,其外在的生命状态也是充满活力的,就能够带别人新鲜感。有的人怀才不遇,心情抑郁,就会对其在爱情和婚姻中的状态产生不良影响。一个人的自尊水平较高,他自己也会处于一种能够释放生命活力的状态中;而一个人自尊水平较低,他在生活中便很难成为一个有趣的人。一个人的心理能力,其根源主要在于自我人格的发展水平和人格背后的历史文化。

其三,我们可以从眼光上去调整。眼光其实也与我们内在的心理能力有关。如果你每天都对这个世界有一种新鲜的热望,你有对周围的世界好奇的能力,你有一双会发现的眼睛,你就会有能力看到爱人身上的不一样,并且这种不一样也会令你进一步探索,帮助你提升与爱人之间的关系。当你内在好奇的能力减退,并且蒙上了一层又一层疲累的油灰,就算爱人每天换造型,你也可能连看的兴致都没有了。

因此,这三个方向其实可以归为一个方向,就是进行自我成长,发展自己独立的自我人格。

独立自我人格的力量

心理学家埃里克森提出,自我是过去经验和现在经验的综合体,自我是人格中相当有力的独立的部分,其作用是建立人的自我认同感和满足人控制外部环境的需要。埃里克森认为自我拥有多种积极的特性,包括信任、希望、独立性、意志、自主性、决心、勤奋、胜任、同一性、忠诚、亲密、爱、创造、关心、统整、智慧等。具备这些特性的自我,是健康的自我,能够对人生发展的每一阶段所产生的问题进行创造性的解决。

埃里克森指出,自我的同一性是人格健康发展的基本动力。当我们对自己产生自我认同感,我们就会感受到自己的个体感、唯一感、完整感以及过去与未来的连续性。我们在生活中也可能会遇到同一性危机,出现同一性混乱,表现为自我意象分裂,不能建立亲密感,感到时间紧迫,不能集中精力,对家庭和社会规则产生反抗心理。同一性混乱会导致一个人感受不到自己生命发展的意义,不能获得一种满意的社会角色或职业所提供的支持。

同一性危机是自我发展过程中的一个重要转折点。危机得到积极解决就会增强自我的力量,让人格得到健全发展,有利于个体对环境的适应。危机的消极解决，就会削弱自我的力量，使人格不健全，阻碍个体对环境的适应。前一段危机获得了积极解决，今后再发生危机时，就会更倾向于采取积极解决的方式。前一段危机是消极解决的，就会降低对今后遇到的危机进行积极解决的可能性。自我同一性的建立，人格的健全发展，对于我们在爱情和婚姻里的适应性发展是很关键的。

我们有必要认识到，我们每个人都是一个独立的个体，与别人不一样，别人也与我们不一样。我们的人格是在文化背景中形成的。我国著名思想家梁溯溟先生提出，文化是人们生存所依靠的一切。文化是社会发展进程中物质财富与精神财富的总和。人格在每个发展阶段中，能否顺利发展，会受到文化环境的影响。我们每个人的人格发展的背后都有国家文化、地域文化、家庭文化、自身文化经历的共同作用。我们要理解每个人历史文化上的相同、相似与不同，因为它们造就了我们每个人的相同、相似与不同。

人格是毕生发展的。我们如果在青少年时期没有建立好自我同一性，就需要通过人格再成长来尝试继续发展自我同一性。对自我文化主动进行建构，能够帮助我们的自我同一性的再度发展。因此，我们要树立自我文化的意识，包括理解国家的文化，理解地域的文化，理解家庭的文化，理解我们自身独特的人生经历，因为这些一起形成了我们的自我文化。当我们理解了自我的文化，我们就能够找到自我中的积极力量源泉，能够强化文化中那些有利于我们生存和发展的心理能力。例如，"天行健，君子以自强不息；地势坤，君子以厚德载物"，这就是儒家的文化价值观带给我们的滋养。例如，山西省运城市有一个著名的历史人物，舜帝，舜帝曾以宽厚的胸怀接纳走投无路的继母及其孩子，而不介意他们曾想谋害自己，舜帝善良、孝顺的故事流传至今，成为整个运城的文化力量。例如，我们家族中的某位长辈特别善良，或是很爱读书，促进了后代对于学习的积极性。这些都是我们的文化滋养。我们就可以有意识地以文化为营养，补充自我成长中所需要的力量。

当我们开始主动建构自我文化，就会渐渐形成自我文化的自省与自觉，认同自我的文化，并建立起内在自我与外在行为的一致性，形成自我同一性，从而建立起文化自信，最终形成独立的自我人格。

在婚姻中做独立的自我

当我们形成独立的自我人格，我们就可以呈现出自尊、自信、自主的生命状态，我们的人生效能就会有力提升，我们也会产生更多的积极情绪，我们在解决问题时会有力量去探寻更多的可能性，找到更多方式去发挥自己的才能。这些都有助于我们获得外在行为、心理内涵和目光上的调整。

独立的自我，会让我们产生新鲜的原动力去创造生活。当每一天，自己的内在都充满新鲜感，外在面貌和行为自然会开始和平时不一样。爱人看着你，就好像你头上有个盖头一样对你感到好奇。当你在爱情、婚姻里做独立的自己,你就不会凡事都依赖对方,时时刻刻确认对方在哪里,确认对方心里还有没有你。你会允许自己拥有独立思考和做事的空间,你会在不知不觉间拥有一个永远神秘的盖头,令爱人经常对你感到好奇。

独立的自我,让你拥有强大的自我更新能力。你就不会用固定的一个视角去看待自己和周围的人、事、物,你很快就会发现自己每一天都不一样,周围的人、事、物也每一天都不一样,你会持续地欣赏到外界的美好。

因此,我们不能只要求对方改变,或者依靠伴侣的位置上换人,而是要在婚姻爱情中做独立的自己,培养独立的自我人格。

人本主义心理学家指出,当人们获得婚姻生活的满足、获得财富的满足等各种满足之后,人们其实并不会对人生感到真正的满意,而是会继续进行自我的成长。我们终将朝着令我们满意的自我状态前进。卡尔·罗杰斯称这种状态为"充分发挥功能的人",亚伯拉罕·马斯洛称之为"自我实现"。自我的成长,是人的需要,是人一生的动力。因此,爱情、婚姻能够助力我们的自我成长,我们的自我成长,也能够反过来滋养我们的爱情和婚姻,使其焕发长久的活力。

参考文献

1.董长晓.为歌而生:王洛宾歌曲背后的故事[M].北京:人民日报出版社,2013:30-32.

2. 杨鑫辉. 什么是真正的心理学:50位现当代心理学家思想选粹[M]. 福州:福建教育出版社,2012:236-244.

3. 王觅."洞房"一词词义演变探究[J]. 文化创新比较研究,2018.

4. 李晖. 掩扇·却扇·盖头:婚仪民俗文化研究之二[J]. 民俗研究,2001(04):156-167.

5. 叶万松. 史前五帝时期中原地区开始进入文明时代[J]. 黄河科技大学学报,2016(4):1-22.

6.[美]Jerry M. Burger. 人格心理学（第八版）[M]. 北京:中国轻工业出版社,2015:282.

采红菱：

夫妻一条心

爱情心理学:流淌在民歌中的爱情智慧

夫妻贵在一条心

爱情是亲密关系的精神世界,婚姻是社会家庭单元实体。婚姻的内涵是爱情。

在中华文化里,婚姻家庭讲究"夫妻同心"。夫妻一条心,才能把一个家庭经营好。这恰恰也与爱情的意义不谋而合。爱情里,两个人相互理解、相互支持、相互陪伴,是很重要的内容。

江苏有一首很好听的民歌《采红菱》,就是在歌唱"夫妻一条心"。我们先来欣赏一下这首歌。

《采红菱》

作词:陈蝶衣
作曲:姚敏

(男)我们俩划着船儿,
采红菱呀采红菱。
得呀得郎有心,
得呀得妹有情,
就好像两角菱,从来不分离呀,
我俩一条心。

(女)我们俩划着船儿,

采红菱：夫妻一条心

采红菱呀采红菱。
得呀得妹有情，
得呀得郎有心，
就好像两角菱，也时同日生呀，
我俩心相印。

（男）划着船儿到湖心呀，
你看呀嘿看分明。
湖水清呀照双影，
就好像两角菱。

（女）划着船到湖心呀，
你看呀嘿看分明。
一个你呀一个我，
就好像两角菱。

《采红菱》这首民歌起源于江苏南京高淳。红菱是一种一年生浮水水生草本植物，分布于我国南方地区。采红菱是南方人的传统民俗。红菱果实呈紫红色元宝状，每颗果实都有一对尖角。红菱嫩果，果肉清甜爽口，生津消渴。红菱老果，可煮食，亦可入菜，口感香软细滑。其营养价值丰富，倍受百姓喜爱。红菱是农家人重要的经济来源之一，菱塘甚至被他们称为"半个儿子"。每年小暑到中秋时节，人们就会乘坐菱盆游于河面之上，在碧绿的菱叶间穿行，采摘红菱。

《采红菱》这首歌描写了一对年轻夫妻采摘红菱时有情有意的画面。"我俩一条心""我俩心相印""湖水清呀照双影，就好像两角菱""一个你呀一个我，就好像两角菱"……情意绵绵的两个人儿，一起劳作，一起收获，一起快乐，仿佛已经变成了红菱的两个角，拥有一条心，在精神上已融为一体，达到了爱情体验的巅峰状态。这种爱情的美感能够引发许多人的共鸣，加之曲调活泼欢快，因而《采红菱》被很多人喜爱和传唱。

我们从心理学的视角出发，看到了这里的关键句："我俩一条心。"简短的五个字，就把爱情里"亲密、激情、承诺"三元素全部高水平地表现了出来。中国的语言文字就是这样意境深远！

所以，用中国的文化怎样表达完美的爱情？就可以用这一句："我俩一条心！"

夫妻同心的文化

《周易·系辞上》曰："二人同心，其利断金；同心之言，其臭（xiù）如兰。"后来，人们据此发展出了"夫妻同心，其利断金"这句话，形容在婚姻中，夫妻俩只要一条心，其力量会非常强大，可以让我们在人生的风雨中战胜多种困难，让家庭存活下来，幸福起来。

我们在婚姻生活中可以深刻体会到这一点，家庭中有很多重要的事：赚钱，抚养孩子，照顾老人，实现人生理想……只要夫妻一条心，就会找到多种解决问题的办法。家庭中的事情有很多都是环环相扣的，夫妻同心，很多事情就可以协同解决。如果夫妻没有一条心，就容易在某个环节中掉链子，引发其他事情，产生崩溃性的后果。

婚姻中的每个人都是一个独立的个体，都需要健康，都需要生存，都需要精神自我的成长与发展。因此，婚姻中每一件事都需要认真对待。只有夫妻同心，才能顾全到很多事情，否则，就容易埋下大的隐患。婚姻真是需要两个人用心经营的。因此，即便我们在爱情里有时会扮演"内在小孩"可爱的一面，我们丈夫的"父亲"角色、妻子的"母亲"角色也要有意识地在线，随时准备好冲到前方来为家庭的发展掌舵、护航。

怎样才是一条心

夫妻一条心体现在对彼此文化背景的理解和接受，对彼此价值观的认同，对彼此优点的相互看见，对彼此缺点的理解和接纳，对彼此的人生短期目标与长期目标的理解和支持，对彼此的情绪情感的接纳和支持，对家庭成员、家庭经济、家庭发展、家庭未来的一致性理解，双方都愿意为家庭的幸福而不断奋斗、成长。

有的夫妻，有一些共同的兴趣爱好和生活目标。他们一起享受，一起奋斗，一起成长，携手并进，孝敬老人，疼爱孩子，遇到困难一起想办法解决，这是夫妻同心的一种非常幸福的境界。

这种明显志趣相投的夫妻通常会被人们称为"伉俪"。

我国有一对剪纸伉俪高晓东和闫芳,夫妻俩一起完成了一幅世界上迄今为止画幅最大、工序最复杂、创作时间最长的剪纸作品《中华双圣图》。这幅作品长约26米,高约18米,有6层楼房高,获得了吉尼斯世界纪录"世界最大的中华传统剪纸"。作品中包含一轮红日;孔子和关羽两位圣人;松竹梅三种树木;在四个角有四盘团龙,共创作了56条龙,象征中国56个民族团结一致;又用长城的5座烽火台寓意华夏五千年文明;用6只和平鸽象征中华民族祥和太平。画面为7层构图,画边共88米,画的最外端又创作了象征长长久久的富贵不断图。整幅作品寓意丰富,把对国家民族文化的热爱、对剪纸的热爱倾注其中。完成这幅作品整整历时15个月。夫妻俩在创作过程中,每展开一次或者收起一次这幅作品,都需要几个小时的时间,出一点问题,都可能前功尽弃。但他们一直坚持到了成功。我们从这对剪纸伉俪的故事中能够看到,夫妻一条心的两个人,因为认同彼此的价值观,因为目光看向共同的未来,因为携手拧成一股绳,真是可以创造奇迹的。

有的夫妻,两个人在兴趣和生活目标上虽然有所不同,但是两个人都拥有独立的人格,能够真心接受这种不同,相互尊重、理解、支持,能够做到和而不同,家庭和和睦睦,充满爱的流动,这也是夫妻一条心的动人画面。

我们在上一章中谈到,每个人背后的文化背景都不一样,造就了个体人格的不同,因此,人与人之间都会存在着一定的不同。

那么，只要我们能够明白这一点，就能够理解想要有一个人可以完全符合自己的心意，那根本是不可能的事，我们也就不会再对爱情和婚姻抱有不切实际的幻想。是的，这个世界上，根本没有一个为我们量身打造的人，根本没有一个始终能够听我们的话的人，根本没有一个永远和颜悦色绝对不和我们吵架的人，根本不存在没有危机的婚姻。所以，我们就要因时因事而随时调整自己的心态，接纳彼此的不同，甚至去欣赏彼此的不同，支持彼此的不同。当你有了这样的心理能力，你就会把爱人视为一个活生生的人，他会有感受，有思想，有情绪，有变化，每一天都会不一样。当你能够看见这些、理解这些，并且发自内心地接纳爱人，把支持爱人视为一种享受，你们的夫妻关系就会越来越亲密、稳固。这是在爱情里真正的投入。当你投入了，你的投入本身就会令你感到幸福。当你真心投入时，你就会享受到爱情的福流，这种积极的情感状态，会让你的身心更加健康。

每个人在婚姻中，所在意的重点都是不一样的。有的人在意志向、兴趣，有的人在意赚钱、奋斗，有的人在意吃饭、睡觉，有的人在意家里的整洁卫生，有的人在意彼此陪伴的时间，有的人在意有没有把孩子关心到位……因此，夫妻之间的沟通是很有必要的，通过沟通，能够明白彼此需要什么，就可以进行彼此接纳，彼此满足，可以对一些事进行协商，可以约定一起去完成一些重要的事。面对一些自己很难接受的部分，我们要提升自己宽容、忍耐的心理品质。宽容、忍耐需要我们有跳出自我的能力，当我们能够跳出自我，我们就能够看到为什么对方与我们不同，会看到对方真正需要的是什么。理解了，接纳就容易了。理解不了，也可以先去接纳，先尊重对方，今后慢慢理解。

有的夫妻，想的不一样，做的不一样，相互也不认同、不接受，然而也不离婚，就这样一起生活着。这种情况，几乎可以说是在婚姻的死亡线上过着日子，不仅毫无幸福可言，还危机重重。身心健康的危机、关系的危机、孩子成长的危机，就像一颗颗不定时炸弹，随时都可能在这样的家庭里爆炸。我在临床咨询中发现，家庭里父母意见不一致，是造成孩子出问题的一个重要元凶。在一个夫妻不能真心接纳彼此的婚姻里，每个人付出的身心健康成本，都是巨大的。

当我们不尊重、不接受对方，甚至要求对方改变，对方往往会花很大的精力去防御，去做很多的防御工程来捍卫自我坚持的那些部分，反而可能更不会去做任何的调整和改变。

因此，不管怎么样，我们都要注意千万不要采取对抗和战斗。你一旦采取对抗和战斗，就表明你要去改变对方，甚至你会采取进攻的方式。实际上，现实生活当中，还是有一些人一直在做这种事情，就是要改变对方。你想改变对方，最后肯定是徒劳无功的，还把自己搞得伤痕累累，一点成效都没有，最后两个人各有伤亡，浑浑噩噩地就这么过来了，这样很不好。

我们也不要试图为了对方而去改变自己，等你改变到最后，面目全非地回来的时候，发现人家要的根本不是你现在的样子，你最后也是吃亏的。

采红菱：夫妻一条心

值得为爱情去努力

《采红菱》这首民歌实际上表达出的是爱情中的一种理想状态。在两性关系中，你中有我，我中有你，两个人真正是一条心，彼此认同，彼此协作，一起去做一些事情。在现实生活中，很多人都会选择退而求其次，对婚姻的评价是："也就是那么回事了。"但我们依然要往爱情理想的方向去追求，这是我们对爱情的积极态度。

爱情的理想状态永远都会高于我们的现实。因为爱情就是我们的理想，爱情就是我们的愿望，就是我们的心之向往，哪怕我们现在不得不接受现实，我们心中还是要带着这样一份美好。带着这样一份美好，我们就不会抱怨很多，我们就会朝着这样美好的方向去努力。

有时候，我们可能差不多已经达到理想状态了，但这其中还是会有一些妥协的部分。比如说，为对方做一件事，但是我们心中其实没有那么情愿。可我们在这个过程中实际上已经是在享受了。因为这件事情是有意义的，它的意义在于，这是我爱的人喜欢的，我要让对方去享受。实际上，这已经不关乎我们是否喜欢的问题了。美国《纽约时报》做过一个调查，问人们最不愿意做的几件事情是什么，结果发现，人们第一件最不愿意做的事情是带小孩，第二件最不愿意做的事情是做家务。但是，当美国人调查"实现幸福的首要原因是什么"时，发现很多人幸福的第一来源都是孩子。所以，让我们幸福的事情，不一定就是让我们感到快乐的事情，它可能会是很劳累的，但是这件事很有意义，我们必须去做。所以，有时候，我们不能太任性了。不得不做的一些事，有可能最终会成为帮助你实现幸福和人生理想的事情。

同样地，我们在爱情中当然就是想要体验快乐和幸福，可是在生活中，我们的爱情体验并不一定是愉快的。如果我们老是想着对方高兴不高兴，那我们就真的高兴不起来了。所以，我们在面对婚姻的时候，要学会去接受现实，理解爱情是精神层面的理想状态，而在现实中，我们能通过努力，让两者之间的距离越来越近。我们既不放弃对爱情的追求，又可以使自身的生活不是一团糟，这才是对婚姻的经营之道。如果我们把爱情放弃了，那我们就不会经营了，就已经失去了这份美好。

我们在理解爱情的文化心理的过程中，去做一些思考，思考完再去行动，做一些积极的行为，爱情的美好就会开始涌现，这就是我们想要的。经营爱情没有灵丹妙药，需要我们一步步去成长，去探寻，但是我们每个人的心都可以为之而活起来，这才是最重要的。

山西开花调：积极爱情心理体验的能力

体验和体验的能力

人的一生,是一种体验的过程。爱情也是我们体验中的重要部分。因此,我们需要明白,如此重要的"体验",究竟是什么?

体验是个体感受内外刺激的过程。比如觉得肚子痛,比如喝一杯蜂蜜水觉得很甜,比如欣赏一幅画觉得很美,比如读书引发自己产生了天马行空的想象……这些体验的内容都是由内在、外在的刺激产生的。当王洛宾被卓玛轻轻抽了一鞭时,他体验到的是爱情,而不是愤怒,就是因为他同时感受到了内在的心跳和喜悦。

体验也是个体的一种状态。当一个人形成了长期体验的能力,他就会随时随地有自己独立思考的方式,不断地进行内省,不断地进行自我觉察,那么这个人就是处于一种长期体验的状态。当一个人在婚姻中能够时常进行自我觉察,感受自己在其中的心理成长,感受彼此关系的状态,那么他就是处于一种长期体验的状态。

体验还是个体想要实现的目标。比如,我们在学习过程中,希望自己今天能够多多地感受到一些东西,能够领悟到一些东西,能够有一些直觉的内容产生。体验是我们每个人在学习、工作和生活中都想要达到的效果。当一对刚刚步入恋情的情侣一起去看一部电影或是去旅行时,这就是为了增进感情而进行的一种体验。

山西开花调：积极爱情心理体验的能力

体验还是实现目标的技术。比如作为心理成长团体带领者，想让团体成员产生深刻的感受和领悟，达到一些心理成长的目标，就要运用一些心理技术。当人们去参加爱情心理成长团体，他们就能够通过对这些心理技术的体验，实现提升婚姻积极关系、培养婚姻积极品质、学习婚姻积极语言等目标。

体验还是一种具体的行为。比如，我倡导人们进行一种"感恩拜访"的行为，给自己想要感谢的人写一封感恩拜访信。有很多朋友在写感恩拜访信的过程中，感受到自己慢慢放下了心中的情结、怨恨，心理空间变得通透、干净、阳光，打通了内在真善美的源泉。

同样是体验，我们每个人体验的能力也是不一样的。体验的能力，是把身心投入某个情境或场中，并产生感觉、知觉、情绪、情感、想象、领悟、直觉等心理内容的能力。体验的能力既和体验过程中的投入程度有关，也和每个人的感受力、感悟力等有关。好的体验能力，首先需要跳出过去的经验，放空自我，放下自我，才能够实现。就好像我们去旅行，在风景中，我们能够静下心来去感受，觉察眼睛、耳朵、鼻子等器官的感受，觉察身体的感受，觉察心中涌出的情绪、情感，觉察脑海中出现的一些思考、领悟、直觉等。我们很多人在生活中会忽视体验的过程，在来到一个新的情境中时，就会开始做判断：这个好，那个不好，这些还应该怎么样才好……这样脑海里的内容还是他时他地，而并没有来到此时此地，因此，能够体验到的也就很有限了。

在爱情中，有的人经常能够体验到美好，对伴侣感到满意，即便失恋了,回过头去看这段感情,依然觉得美好,感谢曾经拥有过。然而,有的人,只要开始爱了,就会进入一种受害者思维模式,开始寻找伴侣身上及其家庭中对自己不利的部分。这样的人,只要走进爱情,就不会拥有很多快乐,也收获不到一个好的结果。在这里面,我们就能够看到每个人对于爱情的心理体验能力的不同。有的人会产生更多积极的体验,有的人会产生更多消极的体验。

个体在爱情中所收获的积极的心理体验,多源自自身乐观的态度,并对生活积极地进行参与式建构。当人们能够跳出过去的经验,去充分地欣赏对方,用心地去感受和对方在一起的点点滴滴时,我们就能够从中发现很多美好,也能够积极地看待对方一些不够完善的地方,对对方进行接纳、理解和包容,关心对方,帮助对方,共同建构幸福的生活。在这种积极参与的过程中,我们就会产生丰富的爱情积极心理体验。

个体在爱情中所获得的消极的体验多源自自身悲观的态度,以及在爱情里并没有真正投入进来。有的人曾经经历过一些伤痛,自身的安全感不够,如果不能够放下过去,还带着过去的眼光去经历新的爱情,那么在感受外在发生的某件事对自己的影响时,就很容易解读为一种创伤、一种危险,陷入一种创伤体验的思维黑洞里,担心自己会受伤,担心会遇到各种危险,看不到自身幸福的其他线索,遇到问题找不到新的解决方式,没有力量去建构一份幸福的生活。而体验者自身往往是不知道这些的,他们会觉得自己很无辜,会感叹"为什么受伤的总是我"。如果没有学习

山西开花调：积极爱情心理体验的能力

心理学,很多人是没有这种自我觉察的能力的。

我们要承认,有些事件确实会造成创伤,会令人们产生强烈的创伤体验,例如失去亲人、失去爱情。但这些创伤经过转换、升华之后,人们依然会拥有积极面对生活的能力。而有些事情并不意味着必然会产生创伤或危机,比如男友今天没给自己打电话,比如刚刚和女友吵架了,这时就要看体验的人是否把其解读为创伤或危机。当人们把一些事情解读为对方需要自己的关心,解读为机会,解读为幸福,我们就会产生完全不同的体验。

开发积极爱情心理体验的能力

我在为一些在爱情里感到很受伤的来访者进行心理咨询时,听她们诉说丈夫的种种不好,她们感受到的种种委屈。我就问她们:"你觉得你的丈夫有哪些优点?"她们似乎已经很久都没有思考过这个问题了,或者从来都没有这样思考过。当她们经过这些思考再回到生活中时,夫妻关系就渐渐有了改善。这就为我们带来了思考,我们要如何去开发人们在爱情中产生积极心理体验的能力?

我在山西左权县的"开花调"中发现了这个智慧。开花调是一首非常好听的民歌。它的特色是歌词以"花"为中心,有的花是大自然中真实的花,有的花是具有象征意义的花,什么都可以"开花",石头可以"开花",笤帚可以"开花",门可以"开花",锅可以"开花",月亮可以"开花"……世间一切在歌者心中都可以开出花来,令人联想到一个成语"心花怒放"。"开花调"具有很强的即兴性。人们在心中有所感受时,随口都可以编唱出一曲"开花调"来。"开花调"中,能体现出浓烈的积极心理体验。

我们先来欣赏一曲"开花调"的经典之作《桃花红杏花白》。这首歌有多个版本,以下是民俗歌唱家石占明演唱的版本。

《桃花红杏花白》

山西左权民歌

嗨～啊格呀呀呆,

啊格呀呀呆,

桃花来你就红来,

杏花来你就白,

爬山越岭俺寻你来呀。

啊格呀呀呆,

玻璃来你就开花,

里呀嘛里外明,

远远就照见俺圪蛋亲呀。

啊格呀呀呆,

锅熬你这涔涔,

下不上你这米,

不想旁人光想你呀。

山西开花调：积极爱情心理体验的能力

啊格呀呀呆,

山丹丹你这开花,

满坡坡你就红,

一村里挑下你一人。

啊格呀呀呆,

梧桐树你这开花,

招呀嘛招凤凰,

俺跟妹妹你结成了双呀。

啊格呀呀呆,

俺跟妹妹你结成了双呀,

啊格呀呀呆。

我们看到歌词里有一个精彩的隐喻式"开花"是"玻璃来你就开花，里呀嘛里外明"，仿佛能够看到一位小伙子透过玻璃窗户看到心上人的那一瞬间涌动起爱恋之情的模样。这种"开花"的象征，其内涵是对爱情最美好的一种预期，那一瞬间感受到的都是心上人的美好，而没有其不好。这种美好的预期就是一种乐观的态度带来的。人们看待事物的态度，呈现在一个连续体上，一端是以最乐观的眼光看待生活的人，另一端是以最悲观的眼光看待世界的人。如果说最乐观的一端是"开花"，最悲观的一端就是"雨打风吹去"。我们在态度上进行怎样的选择，对于我们做事情的结果是有影响的。左权县"开花调"呈现出的乐观，是有着深刻的历史文化背景的。

爱情心理学：流淌在民歌中的爱情智慧

在这里，我们就要谈到左权县的历史故事。左权县，是以中国的一位将军"左权"的名字来命名的。左权是八路军在抗日战争中牺牲的最高将领。左权将军是湖南醴陵人，中国工农红军和八路军高级指挥员，著名军事家。1925年，他在黄埔军校由陈赓、周逸群介绍加入中国共产党，同年被保送到苏联莫斯科中山大学学习。1930年，左权将军从苏联回国后，就奔赴江西，开始了英勇的革命战斗生涯。1934年，左权将军参加长征，参与指挥强渡大渡河、攻打腊子口等战斗。长征到达陕北后，他率部参加了直罗镇战役和红军东征。1936年，他担任红一军团代理军团长，率部西征，并参与指挥山城堡战役。1937年9月，左权将军同朱德总司令、彭德怀副总司令率八路军东渡黄河，开赴华北抗日前线，粉碎日伪军扫荡，发展壮大人民武装力量，取得了百团大战等诸多战役、战斗的胜利。1942年5月，日军妄图一举摧毁八路军总部并刺杀彭德怀、刘伯承、左权、邓小平等八路军高级指挥员。左权将军在辽县十字岭为掩护彭德怀和其他战友，在敌人的炮火中壮烈牺牲，年仅37岁。左权将军牺牲以后，延安和太行山根据地为他举行了追悼会，并改辽县为左权县。

左权将军在革命战争生涯中，对马列主义活学活用，注重将其与中国革命具体实践相结合，很善于治军。他是湖南农民出身，能够很好地理解毛泽东"农村包围城市"的战略思想，结合前线实际，写了大量军事论著，在军事理论、战略战术、军队建设、参谋后勤等方面均有辉煌建树，并在实战中进行了很好的贯彻，有力地指导了华北地区的抗日战争，取得了令人瞩目的战果。后

山西开花调：积极爱情心理体验的能力

来，左权将军被中央评价为"中国著名的游击战术创造人之一"。2009年，左权将军被中央宣传部、中央组织部等11个部门评为"100位为新中国成立做出突出贡献的英雄模范人物"。

左权将军深谙军事战略战术，他并非不知道在敌人的炮火中如何保护自己的生命，而是将生存下来的机会留给了其他战友。这种大义豪情是人间的浩然正气，也是中华民族文化中长久的精神养分。尤其是对于左权县的人民，这种影响更为深刻。

左权县是抗日战争的一个重要根据地，当时，很多艺术人才涌向了这里。经过当地民间艺人和表演艺术家的传承和创新，"开花调"成为当地最有代表性的音乐形式。"开花调"是左权县人民生活和爱情的历史见证。

在左权将军英勇牺牲的地方，后世流淌着的是生生不息的乐观主义精神。当地原生态的"开花"乐观精神，在融进革命战斗的必胜情怀之后，就成了一种更加磅礴的力量，成了后世代代传承的文化动力，为人们的心灵铸造出了一副正气长存的乐观盾牌。

我们无法不被左权将军的故事所感动，无法不被"开花调"中"开花"隐喻的积极情感所震撼。当我们把这其中的乐观态度与心理学的研究成果相结合，我们就可以发现一条开发积极爱情心理体验的路径。这条路径就是：乐观→树立积极目标→充分投入→沉浸→福流。

换句话说，就是建立起对爱情的乐观的态度。乐观会让人们树立起具有人生价值感的目标，并为之投入，为之奋斗。人们在爱情里抱有一份乐观，就会在爱情中树立起积极的目标，并为实现目标而充分地投入亲密关系。投入了，人们就能够去积极地体验其中的美好，积极地去做有利于亲密关系发展的事情，积极地去解决亲密关系中遇到的问题。在这个投入的过程中，就会产生"沉浸"的积极心理体验，以致达到"福流"状态。

积极心理学研究认为，沉浸是人们在内在动机驱使下进行具有挑战性的、可控性的、需要多种技能的活动时，体验到的一种主观状态。在"沉浸"体验中，大脑的注意网络和奖励网络会同步活跃起来，引发积极感受。想要获得沉浸体验，所做的事情必须是我们发自内心喜欢的，并且具有挑战性的，我们必须发挥最佳水平才能完成它。引发沉浸体验的活动通常具有内在激励性。

经营爱情和婚姻，就是一种能够引发沉浸体验的行为，需要充分发挥我们的内在动机。我们需要付出时间、感情、精力等多种资源，来维护爱情中的亲密、激情和承诺水平。因此，想要进行这样一个大工程，我们在前期就需要有一份乐观的态度，愿意把自己交出来，充分发挥多种心理能力去积极建构这项幸福工程。当我们把这项工程经营得很好，我们就会产生满足感和幸福感。

心理学家米哈利·奇克森特米哈伊把人们全身心投入去完成一件艰难而有价值、有意义的事情并获得成功时产生的无与伦比的快乐体验称为"最佳体验"。心理学者也把这种"最佳体验"叫作"福流"。"福流"体验是强烈的快感。在爱情和婚姻中，我们也是可以获得"福流"体验的。当爱情三元素"亲密、激情、承诺"同步达到一种很高水平的状态时，我们就可以体验到"福流"，也就是爱情中的巅峰体验。爱情中的"福流"通常会在具体行为的沉浸体验中出现,包括相互之间亲密、坦诚的交流,充分地对彼此进行理解、关心和支持,一起迎战生活中的难题,一起度过抚养孩子过程中的一些快乐忘我的时光,因对方或孩子而被打乱了生活的节奏时却心甘情愿去承担,进行愉悦的性爱,等等,也就是我们在上一章谈到的"夫妻一条心"。

乐观从哪里来

我们看到,获得积极爱情心理体验,里面有一个关键因素就是乐观。

乐观是一种积极态度。研究表明,持有乐观态度的人比持有悲观态度的人能够取得更多的成就。那么,乐观从哪里来呢?

乐观并不是空穴来风,而是从人类不断发展的文化中来。如果人类没有一种乐观精神,是不可能存活到现在的。因此,乐观其实也是我们的集体无意识中的文化,是人类对真、善、美的追求的必然产物。左权将军为革命牺牲了,他是为了掩护其他战友而牺牲的,其牺牲也是带着一种大无畏的乐观精神的。我们在生活中,也是有着真、善、美的本能追求的。因此,没有人是绝对悲观的,我们的人格里面都是有乐观存在的。我们要做的,就是把这份乐观开发出来,打通内在真、善、美的源泉。

有的人持有一种"防御性悲观主义",是为了应对某些事件,而对事件先做出沮丧预期,做最坏的打算。这是一种防御策略,并且不是对所有人都有用。

因此，我还是提倡人们在爱情中要开发自身的乐观能力，把自己和对方视为值得珍视的生命个体，看见彼此生命的美好、价值和意义，给予彼此无条件的积极关注，积极投入，建构幸福的爱情和婚姻，在生活中创造一树一树的花开。

参考文献

1.[美]Jerry M. Burger.人格心理学（第八版）[M].北京：中国轻工业出版社,2015:214-221,293-296.

2.[爱尔兰]Alan Carr.积极心理学（第八版）[M].北京：中国轻工业出版社,2013:122-139.

3.赵男.山西左权"开花调"艺术特色研究[D].河北师范大学,2014.

4.翟宇燕.浅析山西左权民歌开花调的艺术特色[J].黄河之声.2019(10):19.

5.李炼石.太行浩气传千古：左权与毛泽东、朱德、彭德怀的革命情谊[J].党史文汇.2019(05):49-52.

6.左太北,周海滨.回忆我的父亲左权[J].江淮文史.2018-(04):41-48.

7.戴玉刚.铁骨铮铮亦柔情：左权给妻子刘志兰的信[J].炎黄春秋.2018(09):38-40.

8.魏延秋.左权战略战术思想探析：纪念左权牺牲60周年[J].军事历史研究.2002(03):47-55.

圪梁梁…
思念的理想与现实

爱情心理学：流淌在民歌中的爱情智慧

思念的表达方式

在爱情中，思念是一个痛苦的过程，也是一个甜蜜的过程，更是一个对经营爱情来说非常关键的过程。我在本书第一章中就谈到，男人心中有女性原始意象，女人心中有男性原始意象。那么，这个原始意象是怎样与现实结合起来的呢？就是通过思念这样一个关键的过程。

爱情里的思念，是期盼能够见到心爱之人的一种急迫的想念之情，通常伴随着较为强烈的情绪。李商隐的"身无彩凤双飞翼，心有灵犀一点通"这句诗就是对思念至极时内心体验的一种描绘，恨自己没有一双翅膀可以飞到心爱之人的身边，而两颗心是那样彼此相知，仿佛有灵犀般息息相通。李清照的"此情无计可消除，才下眉头，却上心头"也是描写思念时无计可施之状的绝妙诗句。

当一个人在心里压抑着思念，而受到现实生活中的一些因素制约，不能马上和对方在一起，但是又想得不行时，怎么办？这时候，就可以通过唱歌表达出来。唱歌是表达思念最好的方式之一。

我们先来欣赏一首思念情歌——《圪梁梁》。《圪梁梁》又名《那是个谁》，由"黄河之滨民歌王"杨仲青和弟弟杨仲阔、周培梧（原保德县文化馆音乐编导）于1980年共同创作。这首歌曾是电视剧《血色浪漫》的插曲，当时是由龚琳娜演唱的。后来，很多民歌名家都演唱过这首歌。演唱者不同，歌词也会有所变化。我们在这里选取的是阿宝演唱的版本。

圪梁梁：思念的理想与现实

《圪梁梁》

对坝坝的那个圪梁梁上那是一个谁？
那就是我那要命的二妹妹。
你在你那个圪梁梁上哥哥我在那沟，
看中了的那个哥哥妹妹你就招一招哟手。
白领领那个布衫衫穿在呀妹妹的身，
哥哥呀出门想你见你也见不上个人。
你在你那个圪梁梁上哥哥我在那沟，
看中了的那个哥哥妹子你就招一招哟手。
满天那个星星一颗颗明，
有两颗它最明那就是咱二人。
你在你那个圪梁梁上哥哥我在那沟，
看中了的那个哥哥妹妹你就招一招哟手。

我们看《圪梁梁》这首歌，豪放、热情扑面而来，歌词质朴率真，情感真挚热烈，唱得仿佛圪梁梁、山坡、沟和天上的星星都因这歌声而浸透了浪漫的情思。阿宝在演唱的过程中，感觉像是使出了浑身的劲儿。"对坝坝的那个圪梁梁上那是一个谁？那就是我那要命的二妹妹。"这种自问自答式的表达，其实就反映了人物的思念心理，而这种思念又没有办法得到缓解，想她想得不得了，又不能够去表达，不能够把这份爱慕之情大胆地表现出来。这是一份压抑下来的两性情感，最后通过唱歌的方式表达了

爱情心理学：流淌在民歌中的爱情智慧

出来。

歌词不仅可以表达出人物内心的情绪、态度与渴望，同时也具有升华的积极意义。歌词中有这样一句："满天那个星星一颗颗明，有两颗它最明那就是咱二人。"这句歌词把人比喻成了天上的星星。星星都是亮晶晶的，有两颗最亮的星星就是我们两个人。用星星比喻人，这里面就有一种情绪的表达。把心中的思念寄托于物，就缓解了这种思念。

思念一个人，最好的解决方式是见到这个人，以解相思之苦。可是，很多时候，我们是没办法很容易见到这个人的。随着时代的不同，爱情不如意的原因也会有所不同。在古代，人们往往受封建礼教的压迫而见不着心上人。在当今时代，恋人之间会因两个人距离很远或者对方有工作要忙等原因而见不着面。也有很多情况下是因为一方的单相思。当一份爱慕之情被压抑，人就会产生思念的情感。这种思念往往是具有爆发力的。

思念需要进行科学的表达。如果没有表达，最后可能会变成恨。如果思念的愁苦情绪一直压抑在我们的心中，没有表现出来，这其实是不利于身心健康的。我们可以通过艺术表达的方式，比如绘画、音乐、诗歌、跳舞等方式，把这些不舒服的情绪宣泄出来。

首先，我们来谈谈绘画的方式。绘画是情感表达的一种很好的载体。绘画是人的潜意识的呈现。人类在文明发展的早期就是用图画来交流信息。儿童也是先学会涂鸦、画画，然后才学会写字的。绘画作为一种投射技术，通过简单、明确的指导语，给人们充分的想象空间,让人们把深层次的动机、情感、情绪、愿望、冲突等,不知不觉地投射在绘画作品中。例如,运用泼墨的绘画方式,通过不同的色彩和线条,就能够让思念的情感河流奔涌出来,把潮湿的情绪蒸发出来。绘画通过平面的方式呈现出心理空间。多个平面的呈现,就形成了立体的呈现。绘画传递的信息远比语言丰富,表现能力也更强。当思念之情说不出、道不明时,借助绘画来表达,往往能够使压抑的情意从笔下倾泻而出、一目了然,心理空间也会因此而得到疏解,重新变得通透、阳光。

其次,我们来看看音乐的方式。音乐被称为心灵修复的先行者。早在约3000年前,我国古代人民就开始通过吟唱诗歌来表达情感。《诗经》就是古代中国人通过音乐来表达心理生活的典范。西方国家在过去2000多年的史书、神话和文学作品中,也能够找到通过音乐疗愈心灵的记录。儿童心理学和生物心理学的现代研究表明了人类内在的音乐性。人类是音乐性的动物,人们通过音高、旋律和音色说话交流。在生命最初的几个月中,声音就是婴儿进行自我表达和调节关系的方式。由于音乐属于形象思维领域,因此,它与人的意识是非常接近的,这种特性使得音乐直接跨越了年龄和语言的限制,无论男女老幼,无论智力高低,无论懂音乐与否,都可以从音乐中获益。在心理学界,音乐治疗学是一门新兴的,集音乐、医学和心理学为一体的边缘交叉学科。音乐能够突破时间、空间的限制。恰当地运用音乐的效果,能够帮助人们促进身体、精神和情感的健康。在日常生活中,音乐最常见的作用就是帮助人们舒缓压力、表达情感和平衡情绪。另外,音乐还有助于提升个人的心理能量,促进个人成长。如果说绘画是进行平面和立体的表达,音乐则更像是进行深邃的表达,就像一根精微的管线,走进一个人心中最敏感、最需要表达的部分,走进一个人的情绪源泉,去把情绪引导出来、释放出来。

最后,我们来看看诗歌的方式。诗歌是运用美与灵性的语言文字来表达内心情感。与文学的诗歌创作所不同的是,在心理学工作中,诗歌创作通常不强调格式,不要求对仗和押韵,不设评定标准,没有质量好坏,没有水平高低,强调的是创作过程中成员的投入。在创作诗歌的过程中,人们可以澄清困惑、凝聚智慧,也可以通过艺术的语言重新改写自己的生命故事,在体验层面达到改写体验的效果,从而让故事的意义得以升华,让情绪、情感和行为走向积极。由于诗歌显著的升华作用,我在心理学工作中,通常会先让成员通过绘画、音乐等其他方式进行充分的表达,再通过诗歌进行升华。

爱情民歌,往往既有音乐的优势,能走进人们的心灵深处,又有诗歌的升华作用,还带着一种画面感。就像通过"我那要命的二妹妹,看中了哥哥妹子你就招一招哟手",我们就能想象到,一个人在圪梁梁上,一个人在沟里,两个人不能近距离见面,也听不到对方说话,只能相互招一招手。这个招手动作的画面感就出来了。因为你想跟我来往,我也想跟你来往,但是我们现在来往不了,怎么办?你招一招手,就可以安抚我的思念。这样,就把压抑在心底的思念淋漓尽致地表达出来了。

思念过程中的"脑补"

思念，会随着时间的推移而越发强烈。并且，思念越浓，就越会引发"脑补"的产生。思念时的"脑补"，是运用想象力填补和爱慕对象不在一起时其在自己心中的意象。思念会激发一个人对另一个人疯狂的想象力。有想象，才会有意象。通过"脑补"，我们就把心中理想的爱情意象在不知不觉中和对方结合在了一起，会觉得对方越来越好。越好越想念，越想念越觉得好。这样就渐渐形成一种"情人眼里出西施"的效果。

好的爱人，就是理想中的爱人。实际上，我们也不知道这个理想的爱人是谁。而现实中，哪有人没有一点缺点、非常完美呢？如果能够将现实中的爱人与理想中的爱人合二为一，那就十分完美了。就像《小王子》中，小王子看到地球上的那些玫瑰花之后，对它们说："平常的过客会认为我的玫瑰和你们一模一样——虽然那枝玫瑰属于我。但是，仅它一朵便比你们所有这些玫瑰重要。是我为它浇的水，是我为它罩上了玻璃罩，是我放置屏风为它遮风挡雨，是我为它杀死了毛毛虫。当它发牢骚、吹牛皮，甚至偶尔一言不发时，我都是它的听众。它是我的玫瑰花。"在小王子心目中，自己的玫瑰是独一无二的。狐狸更是说了一句经典的话："正是你在那朵玫瑰上花费的时间，才使得你的玫瑰如此非凡。"

"情人眼里出西施"的人，都是能够将现实中的爱人与心中理想的爱人形象结合起来的人。通过结合，爱情变得稳定且深刻。如果两者没能结合起来，"情人眼里出西施"就不能够完全实现。

有的人现在喜欢你,但和你相处一段时间后,就不再喜欢你了,这就不是真正的"情人眼里出西施"。"情人眼里出西施"是即使你有很多不够完美的部分,我也完全可以接受,甚至我还可能把你认为的缺点看成优点。这就非常了不得了。

我们来看看社会心理学研究中"喜欢"的三个层次。

第一层次:喜欢和自己一样的人。这是一般人的交往方式。你喜欢喝酒,我也喜欢喝酒,咱俩就可以做朋友了。你喜欢摄影,我也喜欢摄影,咱俩就可以谈一场恋爱试试。

第二层次:喜欢那些喜欢我的人。这个层次比喜欢和自己一样的人要高一级,两个人的关系也会更加亲密。如果说,和自己一样的人,我可以在院子里招待他;那么,喜欢我的人,我就要把他请到我的客厅里去坐一坐。有的男孩原本并不知道自己会喜欢什么人。忽然有一天,他发现有个女孩好像挺懂得欣赏他,于是他就喜欢上她了。

第三层次:喜欢我喜欢的人。为什么我喜欢她?因为一看到她,我就会觉得温暖;一想到她,我就会有思念。为什么我对她会有这些情感呢?因为她是我理想中的"那个人"和现实中的"二妹妹"的结合体。我们听《圪梁梁》这首歌,听起来好像没有提到理想爱人,但歌曲中其实已经唱出来了:"对坝坝的那个圪梁梁上那是一个谁?那就是我那要命的二妹妹。"这就是把理想的爱人与现实的爱人合二为一了。

我们能想象,有一些人刚谈恋爱时,彼此都很喜欢,但是,结婚过了三五年之后,就会发现对方有一身的缺点。曾经对他/

她的激情,那种越看越喜欢的感觉,渐渐没有了。但是有的夫妻,过了三五年,相互之间还有那种很爱对方的感觉。过了十来年、二十来年,还是相互越看越喜欢。为什么会这样?这就是把理想的爱人和现实的爱人结合在一起了。

当我喜欢的人,喜欢我的人,以及和我一样的人,恰好是同一个人时,那他/她就真的是西施了,谁也替代不了。无论他/她长得高矮胖瘦,有什么爱好,在我心里都是最完美的那一位。

让理想与现实融为一体

爱情里的美好,有很多都是在思念的过程中产生的。思念,给了我们脑补的机会,给了我们想象的时机。当思念越来越浓,我们就会慢慢把心中所有美好的意象都与现实中的爱慕对象结合在一起。所以,思念的过程是很有必要的。两个人的爱情,如果没有思念这个环节,就不能产生这种理想的爱情意象与现实中的爱人的结合,这样两人的爱情其实是很难走得长远的。

我们知道,空间距离会产生美。正如歌曲中唱的那样,一个在圪梁梁上,一个在沟里,两个人根本听不见对方的声音。听不见声音怎么办?招一招手就可以了!我是能看见的。因为我们现在还没有正式确定恋爱关系,你父母不知道我是爱你的,我父母也不知道你是爱我的,我不能贸然地去找你。正是因为空间的阻隔,引发出无尽的思念之情。

现实中的"二妹妹",可能有着各种各样的缺点。为什么有时候两个人真正相处后会"见光死"？因为你喜欢的那个"二妹妹"，你想念的那个"二妹妹"，你并没有真正地了解她。你还没有完成理想中的"二妹妹"和现实中的"二妹妹"的结合。如果我们爱的是那个理想中的爱人的意象，而没有与现实中的爱人结合起来，那么这段爱情必然无法长久。如果没有经过思念的过程，没有产生过美好的想象，便直接走进现实，那么这段爱情也很难长久。因此，把理想的爱人和现实的爱人结合起来，是非常必要的。

真正的爱情就是从理想走向现实，又从现实走向理想。当我们把理想的爱人和现实的爱人结合起来，完美的爱人就出现了。在今后的生活中，我们又能够把现实的生活升华为对理想爱情的追求，因而在生活中为彼此去用心付出。这样，结婚多年后，两人也依然会有"情人眼里出西施"这种幸福满足的感觉。

参考文献

1. 韦志中, 余晓洁. 画心：绘画心理治疗师的心灵透视课[M]. 北京：台海出版社, 2019:2, 10-11, 141.

2. [英]蕾切尔·达恩利－史密斯, 海伦·M.佩蒂. 音乐疗法[M]. 重庆：重庆大学出版社, 2016:4-6.

3. [法]圣埃克苏佩里. 小王子[M]. 天津：天津社会科学院出版社, 2010:67.

想亲亲… | 爱情的巅峰体验

爱情的美好，源自体验

在本书前面的章节中，我已经多次提到爱情的巅峰体验。在本章中，我就来重点谈一谈这个主题，还是借助民歌中的文化心理来谈。

人生的最佳体验时刻，往往并不是悠闲、放松的时刻，而是正在面临着一些艰巨的挑战，人们忘我地追求生命的意义和价值，需要运用到身心的极限，甚至要超越身心的极限的时刻。在爱情里也是一样的。人们在爱情里最快乐的时刻，往往是心甘情愿去为爱人做一些牺牲的时刻，例如两个人想尽办法为和对方走到一起而努力的时刻，例如妻子在剧痛中产下和丈夫的爱情结晶的时刻，例如丈夫为家人的幸福而以顽强的意志在工作上打拼的时刻。而最极限的情况，是为彼此付出生命也在所不惜。就是这种完全忘我地珍视对方的心情，让人们感受到在爱情中自我的价值和意义。如果说，在平凡的日子里，彼此相互的给予和接受是爱情的细水长流；那么，在生活中创造惊喜或是迎战艰难时，彼此的相互支持、愿意承担便是在创造着爱情的巅峰体验。人们因为爱情而痴狂、无所畏惧时，往往就是产生巅峰体验时。

艺术作品主要有两个构成因素，一是艺术家在作品中再现的社会生活，即艺术作品的题材；二是艺术家对题材进行艺术加工，并在作品中呈现出对所再现的社会生活的认识与评价，以及由此产生的思想感情，即艺术作品的主题。我们知道，很多民歌都是

想亲亲：爱情的巅峰体验

有故事原型的。故事原型就是艺术作品的题材。本章我要谈到的民歌《想亲亲》背后就有一个凄美动人的爱情故事。

《想亲亲》故事的主人公原型是刘巨仓和李金香。他们俩分别住在河曲县内相邻的两个穷村子里。两人在贫困中同病相怜，互生爱慕，就通过唱情歌来表达心意。后来，他们不顾家人反对而结婚，李金香甚至为此与娘家断绝关系。但是，由于生活贫穷，刘巨仓劳累过度病倒了，李金香就扛起了养家的重担，后来罹患癌症去世。刘巨仓通过电视节目，将《灯锅锅点灯半炕炕明》对着"天下人"唱了一遍后，便喝药追随李金香而去。而这首《灯锅锅点灯半炕炕明》经过后人的改编，就成了现在著名的民歌《想亲亲》。

谈到这里的时候，我的心里感到十分辛酸。很多的爱情歌曲一经传唱，大家就会觉得这份爱情很美好、很令人向往。但实际上，现实的版本却是很凄凉的。为什么会出现这样的情况呢？凄美的爱情故事在歌曲中怎么就变得甜蜜了呢？比如说，《三十里铺》里面的两位主人公在现实生活中也没有办法走到一起，但《三十里铺》这首民歌却被长久地传唱。还有那些相爱却没法相守，只能送丈夫离去的歌曲《十送红军》《走西口》等也是如此。这些故事其实都是蛮凄美的，最后却都成了美好的爱情，原因是什么？就是体验！当事人体验到了爱情的美好。人们在这些民歌中也体验到了爱情的美好。爱情里的真挚、牵挂、勇敢、思念、美丽、纯粹、永恒等多种美好的状态，让痛苦也变得有意义，通过民歌，让人们不停地传唱。

这里，我要说一下时间和永恒的话题。人的一生，大概也就八九十年的光景。除去童年时光和休息时间，我们能掌控的时间并不是很多，更别说巅峰体验时刻了。巅峰体验时刻是一种完全忘我的状态。人们在一生之中能到达巅峰体验的时刻其实是很少的。有的人在日常生活中，找不到生命的价值和意义，只能靠酒精的麻醉，或者其他生理刺激，来达到一种陶醉的状态。所以，我们就会看到，有的人在家里被老婆骂，到了单位被领导欺压，与同事关系也不怎么样，但是一上酒桌，几杯酒下肚后，他就好像找到自我了，那种享受、陶醉的状态就出来了。

《想亲亲》中的主人公李金香和丈夫刘巨仓，从一开始就完全地冲破束缚。他们要守护的爱情就是永恒的，至少对于他们来说是永恒的。这种感觉是珍贵的。即便付出很多，生活再艰难，他们也都是心甘情愿的。尽管能够相守的时间不多，但他们真的实现了永恒。

曾有人说："我宁愿坐在宝马车上哭，也不愿意坐在自行车上笑。"如果一个人不愿意选择爱情，那么他当然也就与爱情的巅峰体验彻底没有什么关系了。其实，如果真的可以获得巅峰体验，相信很多人还是愿意坐在自行车上笑的。而能否获得巅峰体验，与两个人的关系质量、与两个人的体验能力均有关系。男孩们，如果你们喜欢的女孩没有选择你们的自行车，那么可能你们本身就不是她们爱情的最佳搭档。继续去成长自己，继续去寻找发现，才有可能真正遇到那个可以和你一起获得爱情巅峰体验的人。最重要的不是一个人一开始拥有的是什么车，因为，宝马车

想亲亲：爱情的巅峰体验

有可能会变成自行车，自行车也有可能会变成宝马车。所以，最重要的依然是两个人关系的质量和经营爱情的能力。

在很多影视作品中，有些人为了爱情的巅峰体验，连生命都可以不要。这些作品中呈现出的痴情男女的爱情巅峰状态，受到广大观众的喜欢，也反映出了人们其实是需要爱情的巅峰体验的。匈牙利爱国诗人裴多菲有一首著名的诗："生命诚可贵，爱情价更高。若为自由故，两者皆可抛。"裴多菲为了捍卫国家，为了让千千万万人能获得生命的自由，献身于战场，把生命与爱情都放弃了。如果爱情和自由能融为一体的话，人们为了爱情而放弃生命，也就能够理解了。

《想亲亲》：不顾一切的爱恋

《想亲亲》这首歌曲中描写的就是为爱情而痴狂、心甘情愿为对方而受苦的情感状态。这是山西河曲县百姓创作的民歌，在原有河曲民歌的基础上加工、整理、连缀组合而成。我们来欣赏一下阿宝演唱的版本。

《想亲亲》

编曲：张文秀、刘铁铸

想亲亲想得我手腕腕（那个）软，
呀呼嘿。

拿起个筷子我端不起个碗,

呀儿呦。

想亲亲想得我心花花花乱,

呀呼嘿,呀呼嘿。

饺子我下了一锅山药(那个)蛋,

呀儿呦,呀儿呦。

头一回毛妹妹你不在,

呀呼嘿。

你妈妈劈头打我俩锅盖,

呀儿呦。

想你呦想你呦实个在在想你,

呀呼嘿,呀呼嘿。

三天我没吃下一口口口饭,

呀儿呦,呀儿呦。

茴子白卷心心十八(那个)层,

呀呼嘿,呀呼嘿。

妹妹你爱不爱受苦(那个)人,

呀儿呦,呀儿呦。

妹妹你爱不爱受苦(那个)人,

呀儿呦,呀儿呦。

在歌词中,提到"受苦"这个字眼,这反映了什么?就是两个苦苦相爱的人不能在一起。在人的一生当中,苦的时候是比较

想亲亲：爱情的巅峰体验

多的，甜的时候相对来说比较少。所以，我们才会有同甘共苦、以苦为乐、苦尽甘来等思想。爱情也是一样的，两个人在一起大部分时间都是平平淡淡地过日子，你一生当中也许会经历一段或多段两性情感，但是愿意为了对方付出一切哪怕死去这种深刻的情感连接却是不多的。

我们知道，两个人打架，软的怕硬的，硬的怕愣的，愣的怕横的，横的怕不要命的……如果这样升级的话，我们再看动物界，什么样的动物最凶狠呢？一般是有小崽儿的动物，不管它是鸟还是鸡，你一旦走进它的领地，它为了保护自己的孩子，就可能去攻击你。家里养狗的人应该更有体会。狗刚生了狗崽，你从那里走过，它就会咬你。如果一对苦苦相恋的人，他们对彼此的爱都是很坚定的话，谁反对他们，他们就与谁为敌。

现在，有一些青春期的孩子谈恋爱，学校反对，家长反对，于是就找他们谈话。谈话的时候，如果处理不当，就有可能发生悲剧。悲剧发生之后，家里人一辈子心里都会有创伤。

所以，我们说，不要用激进的方式去反对相爱的人，就像不要打扰那个正在生崽的狗一样。不要去和愣头青讲理，你再讲理也讲不明白。做父母的，如果孩子正处于这样的恋爱期，爱得不行，不要去摧毁他们，要尊重这样的一份爱情体验。那些体验中的好时光是永恒的。作为长辈，用过激的行为去破坏年轻人的情感，从某种意义上来讲，这是一种伤害。

爱情心理学：流淌在民歌中的爱情智慧

爱情的巅峰体验

人在一生之中，可以通过不同的渠道获得巅峰体验。例如，可以通过探索知识获得，也可以通过投入工作获得，还可以通过奉献社会、帮助别人而获得。爱情中的巅峰体验，是生理唤醒、心理唤醒、文化融合进化等多种因素碰撞的结果。

现在，为什么很多人学习心理学？很多时候就是因为人们对现实感到不甘，但又改变不了现状，只能通过自我成长来疏解烦恼。如果在学习心理学的过程中，获得了一些好的体验，或者能够解决一些生活困境，这种感觉就是很好的。很多人爬山可能需要五六个小时，但是他们并不觉得累，只要在山顶上感受那十分钟"一览众山小"的幸福感，他们就觉得是值得的。

爱情也是这样的。很多人甘愿用数十年的平淡与等待，来换取一年的爱情巅峰体验。人的体验时间和客观物理上的时间是不一样的。如果他体验到了美好，体验到了爱，那么这种美好和爱可能在他未来所有的物理时间中都是存在的。就是存在于他的精神世界中，因为爱本身就可以通过体验获得，体验所带来的感受是永恒的。从这一角度来说，爱也可以是永恒的。

有的年轻人，受父母多年疼爱，当他找到一个自己喜欢而父母不接受的恋爱对象时，往往就要"冒天下之大不韪"，被说成"逆子""不孝顺"，让父母伤心。他会带着沉重的压力和焦虑，也要冲破这样一种外部的社会道德，也要冲破那些所有可能会让他头破血流的一些有形的、无形的壁垒和枷锁，去和自己心爱的

想亲亲：爱情的巅峰体验

人在一起。我亲眼在乡下看到过这样的事情。父母把一个女孩锁在屋里，生气地对她说："你如果和那个人好了，我们就打断你的腿，永远不认你这个女儿。"但是，后来女孩依然跟她的心上人私奔了。过了三四年之后，还领着孩子回来了。此刻的父母呢，并没有把女儿赶出家门，毕竟还是自己的孩子，父母还是照样心疼她。为了爱情不顾一切的这种巅峰体验是非常需要勇气的，也是很难得的。

现在，我们来思考这样一个问题：为什么上文中家长会反对这么炽烈的爱情呢？从心理的角度来看，家长认为这样的两个人的爱情观就是病态的。他明明不能给你带来幸福，你跟着他只会受苦，可你还是选择跟着他，这不是傻是什么？！如果人的一生当中，能够遇到一位让你痴狂的恋人，这其实也是很幸运的一件事。很多人都没有这样的情感体验。从爱情的角度来讲，她是幸运的。但是从生活的角度来讲，她可能以后就要吃苦了。但是，家长不能把这当成道德事件来评判，给子女扣一顶"不孝"的帽子。

爱情就是两个人心与心的碰撞，就像火星撞地球。宇宙里面有那么多的星系、星球，世上有那么多的人，两个人能碰到一起是很不容易的。这个不是道德的问题。虽说我们是社会人，要遵守约定俗成的价值体系，但是有时候我们要跳出道德，站在生命的高度来看待爱情。两个人在一起，能够让彼此的生命发光发亮，这应该是值得鼓掌的事。大家都喜欢看流星，其实流星的绚烂也就是一瞬间。但至少在这一瞬间，它是受到瞩目的，它是无与伦比的。同理，当有人愿意用余生换一份刻骨铭心的爱情，我们不

能说这是不道德的,更不能说这是病态的。

大家来设想一下,如果在这个世界上,精神病人人数多,正常人人数少,哪类人会被评定为有病呢? 一定是那些正常人。所以, 我们换位思考一下,这个世界上一万人中可能有 99.9% 的人遇不到《想亲亲》里的主人公那种炙热的爱情,他们体验不到那种"冒天下之大不韪"、敢于舍弃一切只为换得与对方相守一生的火热。正是因为这些人没有体验到,所以对于这些拥有这样爱情的男女表示极力反对,把他们的失魂落魄、茶饭不思、要死要活、疯疯癫癫,都视为不正常的表现,甚至是傻子的行为。

其实为爱痴狂的行为,不仅是可以理解的,甚至还是我们要羡慕的。你看,那一个个超越生死、超越道德的灵魂碰撞的爱情,后来全都变成了美丽的故事、传说和歌谣,都拥有美好的结局。

获得爱情巅峰体验的这些人,他们比我们幸运,因为他们遇到了一个可以点燃自身生命状态的人。他们遇到的爱人,是能够让他们的生命一下子散发光彩的人。谁是爱你的人?就是你和他在一起,你就闪光;你和他在一起,你就觉得自己是最美的玫瑰。最美的爱情不是因为对方给你什么,而是因为你跟他在一起的时候,你能感受到幸福与甜蜜。

爱情让我们成为更好的自己

从佛家的角度来说,人生是一次修行。从儒家的人文主义角度来说,人生的旅程是为了成为更好的自己,是为了成为一个人,是修身齐家治国平天下、成为君子的过程。不管从哪个角度来说，人生的旅程都是为了成为更好的自己。

无论你做什么事，无论你和什么人在一起，都是为了成为更好的自己。我们选择和一些人在一起，是因为这些人能够帮助我们成为更好的自己。比如，你和一个人在一起十年，他都没有真正地促进你去改变和成长。而你和另一个人在一起，他可以使你在几个月内就成为更好的自己。因为他跟你之间能碰撞出火花，他能懂你，他能爱你，他能成为你的一面镜子。

相比之下，大家肯定会选择后者作为自己的朋友或者爱人吧。

爱情是人生旅途中，成为更好的自己的化身。什么是恋人？在我看来，恋人可以帮助自己成为更好的自己。爱情萌发的背后，是对方有你身上还没有闪出光来的优势或魅力。你喜欢他，其实因为他是你理想自我的投射。如果他要离你而去，你肯定是受不了的，因为这预示着你在失去理想自我。理想自我是需要用生命去追逐的，怎么能丢掉呢！

从这个角度来说，你深深爱着的那个人，你爱的就是他身上闪光的那个部分，而这个闪光的部分正是你渴望拥有的。你看着他，如同看到另一个闪光的自己。而你讨厌的那个人，正是你还没有接受自己的那个部分。

所以，我说，如果你碰到了一个让你要死要活的，让你终生都难忘的人，其实你就是幸运的。千万人之中，能把你的生命点燃的人，一定是不容易遇到的。在他面前你就是闪光的，在你面前他就是闪光的。在他面前你能看到更美好的自己，在你面前他也能看到更美好的自己。

所以，我在这里，向所有在人生旅途中，为了成为更好的自己而苦苦寻觅结伴同行的理想自我的人致敬；向那些已经在人生旅途中找到了可以让自己闪光、让自己闪亮的伴侣的人表示羡慕；祝福那些还在与外部命运抗争的人，祝他们早日走出重重的封锁，享受美好绚烂的人生。

我在《爱情心理学》一书中提到，爱情分为三个类型：合作型、幸福型和成长型。成长型的爱情，就是拥有让彼此的生命散发光彩的灵魂伴侣。你帮助我修行，我帮助你修行，一起成为更好的自己，实现生命的价值和意义。在相伴成长的路上，爱情的巅峰体验就蕴藏其中。

参考文献

1. 李梦婷.浅析山西民歌《想亲亲》[J].通俗歌曲2014-(02):87.

2. 田少华.山西河曲县民歌的音乐风格与特点[D].山东艺术学院,2018.

3. 常庆庆.方言缺失下的民歌传播形态初探：以山西民歌《想亲亲》为例[J].音乐传播,2015(02):33-37.

月牙五更：女性思春

爱情心理学：流淌在民歌中的爱情智慧

女性思春的表现

每当冬去春来的时候，我们能够感受到春天的到来是如此迅猛，转瞬间便让世间亿万棵树木都挂满绿叶，让无以计数的嫩绿小草钻出大地，让千万种花儿竞相开放、摇曳生姿。我们作为人，当爱情的春天到来之时，思春又怎能不猛烈？

在思念一个人的时候，在春情萌动的时候，女性通常会有一个相对于男性而言较为漫长的"思春"过程，而男性则更倾向于直接去找心爱的女孩子。这与男女两性生理功能的不同、心理文化的影响都有关系。从生理视角来看，女性更有等待的耐心，而男性则很难让自己被动地去等待。然而，人并不完全受生理的驱使，同时还受心理层面、文化层面和社会层面等因素的影响。因此，人们在行动上并非完全呈现为女性被动等待、男性主动出击的情况，也会有女性主动表达，或者男性以被动为主动作为求偶策略的情况。

在我们的文化中，总体来说，女性在情欲方面更为害羞和矜持，而在情感需求方面外显的部分则比男性更为强烈，更加需要男性的体贴和照顾。其实，男性的情感需求也是很强烈的，只是男性自古被教导"男儿有泪不轻弹"，同时，男性大多需要在社会上打拼，因此，男性呈现出的情感需求比实际上真正的需求要少一些。而女性也有坚强、坚韧的一面，尤其是在情感、情欲都获得较好的满足后，就更加能够充分地呈现出来。因此，男女两

月牙五更：女性思春

性在情感、情欲方面都值得关注和关心。而女性还要承担着孕育后代的重要使命，因此，在情感、情欲的满足方面，女性就更加值得被关心了。

在本章中，我们就来重点谈一谈女性的思春。

李白诗曰："春风不相识，何事入罗帷。""美人卷珠帘，深坐颦蛾眉。但见泪痕湿，不知心恨谁。"王昌龄诗曰："忽见陌头杨柳色，悔教夫婿觅封侯。"这些诗句很短，却能够让人们感受到女子对情郎的情思与愁苦。

接下来，我们就走进民歌中，去深入地看一看女性的思春心理。

《月牙五更》与五更调

我们来欣赏一曲东北民歌《月牙五更》。这是辽宁、吉林的民间小调，因唱词为"五更调"，且每"更"中必有"月牙儿"三个字而得名。

我国古代把自黄昏至拂晓一夜之间分为五个时间段，在每个节点用鼓打更报时，所以叫作五更，也叫作五鼓、五夜。五个时间段分别是：一更、二更、三更、四更、五更。两更之间的时间相当于现在的2.4小时。俗语曰："一更人，二更锣，三更鬼，四更贼，五更鸡。"一更关鼓闭城门，二更上床睡觉，三更半夜换日期，四更睡得最沉，五更天光开城门。

"五更调"是我国民间广为传唱的小调，也是流传至今的传统曲牌之一。其歌词都是从一更唱到五更。"五更调"具有悠久的历史。据记载,南北朝时期的《从军五更转》虽然是以军旅生活为主题,但可以看作是"五更调"的鼻祖。《从军五更转》是五首诗,具体内容如下:

其一

一更刁斗鸣,校尉逴连城。遥闻射雕骑,悬惮将军名。

其二

二更愁未央,高城寒夜长。试将弓学月,聊持剑比霜。

其三

三更夜警新,横吹独吟春。强听梅花落,误忆柳园人。

其四

四更星汉低,落月与云齐。依稀北风里,胡笳杂马嘶。

其五

五更催送筹,晓色映山头。城乌初起堞,更人悄下楼。

隋、唐、五代时期,因佛教的传入和兴盛,民间"五更调"被教徒们用来进行宗教宣传,《太子入山修道赞》及《南宗赞》即属此类。宋、元以后,尤其是明清之际,"五更调"不仅普遍流行,内容还多种多样。此时的"五更调"主要是与百姓世俗生活息息相关的作品,被称为"世俗五更"。从所见的作品来看,"世俗五更"最主要的题材为情词类。

"闺怨五更"即是"世俗五更"的一种,主要描写的是闺中女子对情郎的相思之情。对于思念情郎的闺中女子而言,她所感

月牙五更：女性思春

受到的夜晚比一般人漫长许多，因为相思之情无形之中延展了夜的时间。由于五更体以夜间时间为线索，就和闺思、闺怨自然而然地产生了不可分割的联系，从而成为女性用第一叙述视角来倾吐自己对情郎相思之情的常用文学样式。民歌《月牙五更》即是诉说女子的相思之情的作品。

《月牙五更》中的相思之情

一般来说，晚上是情感最活跃的时候。白天，女性为学习、工作或家庭而忙，到了晚上，静下心来，就可以想想自己的事了。每当黄昏来临，夕阳西下，许多人都开始回家的时候，待字闺中的女孩子通常就会开始想念自己喜欢的男孩子了，盼望着有一天可以牵着他的手一起回家。对于青春期的女孩来说，思春是爱情的启蒙期。已婚的女子若与爱人分离，到了夜晚也会想念爱人。我们把这种在情感上和身体上都需要和心爱之人进行连接的内心活动叫作"思春"。

《月牙五更》描述的就是一位闺阁女子思春时的心理活动过程。

《月牙五更》

二人转小帽版本

一更啊里呀啊月牙没出来呀啊，

爱情心理学：流淌在民歌中的爱情智慧

貂蝉美女呀啊走下楼来呀，
双膝跪在地土尘埃呀啊，
烧上香那个拜日月呀啊，
为的我们那个恩哪恩哪哎了我说恩和爱呀啊。

二更啊里呀啊月牙出在正东啊，
南堂报号啊名叫高琼啊，
呦收下贤妻刘凤英，
刘小姐呀啊为高郎啊，
才得那个相啊相啊哎了我说相思病呀啊。

三更啊里呀啊月牙出在正南啊，
韩湘子出家呀啊就在终南山啊，
呦手里托着小小的花篮啊，
三渡着这个林英女儿，
夫妻我们那个得呀啊得呀啊哎了我说得相逢呀啊。

四更啊里呀啊月牙出在正西啊，
马国母被困啊就在禅宇啊，
呦救驾多亏大将伍子胥呀啊，
伍子胥呀啊保幼主啊，
闯出那个禅哪啊禅哪啊哎了我说禅宇寺呀啊。

月牙五更：女性思春

五更啊里呀啊月牙出在正北啊,
张廷秀私访啊名叫回杯呀啊,
呦王二小姐雨泪双催呀啊,
二小姐呀啊为廷秀啊,
落下那个伤啊伤啊哎了我说伤心泪呀啊。

"一更里月牙还没出来,貂蝉美女走下楼来。"一更的时候,月牙还没有出来,貂蝉美女走下楼来了,这实际上是在说情窦初开的女孩到晚上就出来了。"双膝跪地,烧香拜日月,为了我们那个恩和爱。"什么意思?就是开始在内心里面表达自己的愿望,什么愿望呢?和心上人在一起的愿望。一更时刻,心中开始许下愿望。

"二更里月牙出在正东,南堂报号叫高琼,收下贤妻名叫刘凤英,刘小姐为高郎才得相思病。"一更的时候,想的是自己的爱情心愿。二更就开始想别人的爱情故事了。

"三更里月牙出在正南方,韩湘子出家就在终南山。手里托着小花篮,三渡林英,夫妻得相逢。"看起来说的是韩湘子渡林英,实际上说的是自己思念自己的情郎,感慨二人何时才能相见?韩湘子渡林英是一个神话传说。相传,韩湘子父亲做媒,为他娶了林英,但韩湘子却在洞房花烛夜离家出走,去了终南山。后来,韩湘子修道成了仙。林英思念韩湘子,经常念叨他。韩湘子知道林英念叨自己,就去渡化林英。第一次渡化,韩湘子变作癞头和尚去与林英相见,调戏林英,被林英打走现了真身。后来,韩湘子托梦让林英也修道成仙，林英就开始潜心修道。第二次渡化，韩湘子变作一个英俊小生，诱惑林英改嫁，林英撞墙欲绝，韩湘子拦住她，现了真身，拿出一个铁茄子让她煮，告诉她，等她把这铁茄子煮烂了，就来带她走。林英花了三年的时间，把家里所有的东西都卖掉买了柴，也没把铁茄子煮烂。这天，再也没有什么可以烧火的了，林英一边哭一边把自己的腿伸到炉灶里去当柴烧，竟没感到疼，而铁茄子瞬间就扁了。林英正惊讶之际，韩湘子在此时出现，拉她走出屋外，驾着祥云飞上了天空。夫妻从此得以相见。

"四更天里月牙出正西，马国母被困在禅宇，救驾多亏伍子胥，伍子胥保幼主，闯出禅宇寺。"想的内容看起来是乱七八糟的，可见，到了四更天，基本上想的就不着调了，脑子也困糊涂了，但是，她依然想心上人想得睡不着。这时候脑海里浮出的内容表面看起来很零乱，但依然与她的这段情有关。

"五更里月牙出在正北，张廷秀私访啊名叫回杯，二小姐为廷秀落下伤心泪。"想着别人的伤心泪，其实是一面镜子，是她借别人的事说自己的情，是她自己正在伤心流泪。一更求神，二更念叨相思病，三更盼着早相聚，四更胡思乱想，五更落下伤心泪。放在引号里整整一个夜晚，这个女孩子都在思念情郎。

在这首《月牙五更》里，很多内容看起来像是在无病呻吟，东拉西扯，其实扯着扯着，就把主人公的心思全部扯出来了。一更许愿，二更幽怨，三更期盼，四更心乱，五更泪如雨下，就这么有秩序地把她的心思都给扯出来了。当我们体会她的心境，我

月牙五更：女性思春

们就会为之感到心疼。

世间谁不相思？谁不盼着与心爱的人相依相伴、温柔缱绻？相思是非常普遍的情感表现。南朝鲍照《代春日行》曰："两相思，两不知。"柳永词曰："衣带渐宽终不悔，为伊消得人憔悴。"梁静茹在《会呼吸的痛》里唱道："想念是会呼吸的痛，它活在我身上所有角落。"王菲在《矜持》里唱道："你闭上眼睛亲吻了我，不说一句紧紧抱我在你的怀里……"从古至今，诗与歌诉不尽相思。诗与歌也陪伴着相思的人，排遣着心中的愁绪。

《月牙五更》中提到了"相思病"。"相思病"有三种类型：第一种是单相思，也可以称之为暗恋；第二种是双相思，就是双方都相互思念彼此；第三种是反向相思，反向相思就是有精神疾病的表现了。患者往往坚信某一位异性已经爱上了自己，即使那位异性可能从来没有跟自己说过一句话，这种症状也被称为"钟情妄想"。

一般来说，初恋大多是以单相思为起点的。很多人在恋爱之前都会经历那么一段单相思，可大多数人并不会持续很长时间，要么直接告白，要么认识到这种爱的不切实际而转移方向，但患相思病的人却容易把自己淹没在苦海里而不能自拔，日久成疾。中医认为久思伤脾，轻者表现为茶饭不思，精神恍惚，夜不安寐；重者表现为如呆如痴，病卧床榻，形容消瘦，无病虚衰，有病则使病情复发加重，甚至病入膏肓。最严重的，是想不开而自杀殉情。

所以，我们看到爱情里的思春虽然通过艺术形式表达出来，会具有一定的精神美感，然而我们不能耽于相思，甚至把相思的程度当成是一种爱情的道德标杆。我们还是要追求人格独立，管理好自己的思念，适时地转移注意力，做一些如读书、欣赏音乐、品茶、画画、钓鱼、爬山等修身养性的事，陶冶心灵，获得积极情绪，爱惜好自己的身体和心灵。

古代对女性情欲的压制

在封建时代，社会对女性的情欲既有一种打压，又有一种窥看心理。打压是因为害怕，男权社会中丈夫最害怕妻子爱上别人，背叛自己，所以就会有一种性禁锢。这种性禁锢通过各种各样的方式表现出来，比如让女性裹小脚。裹小脚不仅是为了迎合封建士大夫畸形的审美观，还因为女子裹了小脚就跑不快了。同时，封建社会也把女子禁锢在闺阁之中，对她们的活动范围严加限制，以使这些女性符合"三从四德"的礼教。这样别说跟男人私奔了，女子就是出趟门都是不容易的。

另外，还有对女性贞节进行严重束缚的贞节牌坊。最早的贞节牌坊，其实多以"节"字为主，是古代士子为褒扬母亲养育之恩而建立。但到了封建社会末期，随着理学之风的兴盛，贞节牌坊就逐渐以"贞"字为主，成了一座压迫女性的大山。起初，女性在丈夫死后还多为自愿守寡，偶尔也会有殉情之人。但是，到了后期，大户之家为了相互攀比，贞节牌坊的数

月牙五更：女性思春

量越立越多，甚至有些官员以贞节牌坊的数量作为自己的政绩明证，其间被逼守寡，甚至被活活饿死的女性不计其数。其实，这些贞节牌坊都是忽悠女人的，就是让女人觉得自己很高贵、很高雅、很受人尊敬，这样她们就不会惹出事端，也不会出现感情纠纷。

我记得之前看过这样一个故事：有一个年轻的女子守寡，独自带着自己的儿子生活。儿子每天晚上睡觉之前，就会听到妈妈房间传出"哗啦啦"一阵清脆的响声，这是妈妈把一把铜钱撒到了地上，之后房间的灯就灭了。第二天早晨，儿子给母亲问安，却没有看到房间里有任何一枚铜钱。儿子想不通，自己明明听到铜钱掉落到地上了，为什么一个都找不到？等到儿子长大了，这位母亲守寡也守到老了，儿子才敢去向母亲询问原因。母亲告诉他说："娘年轻守寡，夜里面寂寞，睡不着，辗转反侧，于是我就撒一把铜钱在屋子里，然后摸着黑，再一个一个地把它们找回来，等找完也差不多天亮了，身体也累了，然后就可以睡觉了。"她就是这样一天一天熬过去的。

现如今，思想开放了，强制要求女性守寡的情况也不存在了。但是，有些女性却开始了"守活寡"。"守活寡"的意思就是妇女空有妻子的名分，却无实际的夫妻生活，比如已婚妇女的丈夫长期外出不归，她就是在"守活寡"。还有一种情况是夫妻之间没有共同语言，同床异梦，这也叫"守活寡"。失去了婚姻的快乐和甜蜜，现在很多女性半夜三更睡不着觉，干什么？刷朋友圈、网购、追剧……我想，这里面肯定有一部分人也是因为多余的情

绪释放不了,这和撒铜钱没有什么本质区别。

加大对女性的关怀

虽然说女人能顶半边天,男女平等,但我们都知道,女性要比男性在某些方面对人类的贡献更大,比如说繁衍。我想,不管哪个国家,进行政治建设、经济建设、文化建设,首要的前提就是得有人,如果本民族连人数都不够,那么一切都是妄谈。现在,很多欧洲国家人口呈负增长,政府就比较担心,开始用各种福利政策鼓励生育。所以,无论社会怎样进步,生育和繁衍的问题还是最为关键的。而女性,使得人类的未来得以延续。

女性负责繁衍与养育,孩子的生理和心理满足,也基本上都是靠母亲来照顾。孩子有一点头疼脑热的,也基本上会去找妈妈。如果孩子遇到一些问题,有些爸爸就会甩给孩子一句:"找你妈去。"所以,在孩子的教育问题上,有些爸爸的抚养人身份是缺失的。我们都说,孩子是家庭的未来,如果孩子教育好了,这是全家人的功劳,如果教育不好,可能有些男人就会把原因推到妈妈身上,认为是妈妈没有教育好孩子。对于全职妈妈来说,更可能会遇到这样的情况。

以前,"男主外,女主内"的传统思想,使中国人把男人的家庭角色定位于享受者、被伺奉者,而"事业第一,家庭第二"的思想,又使得中国人对男人为事业不顾家庭的做法一直持称赞的态度。现如今,在现实生活中,男性、女性的生存已处在同一

月牙五更：女性思春

起跑线上，即面对的是完全相同的社会问题和生存问题，但是作为职业女性，不仅要有自己的事业，还必须操持家务、照顾孩子，社会对多重角色的女性的要求显得比男性更加苛刻。然而，值得注意的是，女性再累，也被视为贤妻良母理所当然应负的责任，而男性的累则更容易被看见并获得关爱。虽然，如今已经是21世纪，男女平等，但我们不得不承认一个事实，中国的男人还普遍有着大男子主义思想，而女人在完成社会工作的情况下，还要比男人承担更多繁重的家务和养育孩子的责任。当女人在工作、家务、孩子之间忙得团团转，累到情绪崩溃的时候，男人能懂得女人吗？男人能懂得在这时候要关心自己的妻子吗？这是值得每一位丈夫扪心自问的问题。有些男人在这时候就会扛起责任来，帮助妻子一起分担家庭事务，照顾孩子；而有些男人在这时候就会抱怨妻子为何要有情绪，责怪妻子情绪崩溃的状态影响到自己的心情了。显然，这些男人是不懂得自己对家庭事务和孩子同样是负有责任的，更不懂得要去关心妻子。而事实上，只要丈夫对妻子多一些关心，能够一起分担，妻子就会得到安慰，感受到有一双有力的臂膀在支持自己，有一个温暖的胸膛可以让自己依靠，就不会再那么容易陷入崩溃。在一个家庭里，两双手彼此支持，两颗心相互温暖，才能一起越过生活的困境。所以，男人们，醒醒吧，这个世界不是你一个人累，你的妻子比你还要累，而家庭事务需要两个人一起承担，孩子的成长更不能被你冷漠忽视，你需要有一个男人的样子！

随着时代的发展，社会对女性的要求也越来越高。新时代要求女性既要会挣钱，又要能照顾家庭，体贴丈夫所需，照料好孩子的身体和心理，辅导好孩子的功课，还要打扮得美美的，给丈夫长面子，以及预防"豺狼虎豹"入侵。这么多压力一项一项地压在了女性身上，哪一方面做不好的话，都会形成一种困境，并且会被人说三道四，甚至会遭遇婚姻的破裂。从进化的角度讲，在历史发展的进程中，女性在数千年时光里，都是依附于男性的。男性负责掌握资源，女性负责养育孩子。如今，时代进步了，很多女性开始独立，能够独自面对职场沉浮。虽然说这是女性崛起的表现，然而，很多女性并不曾料想到自己在结婚之后会面临生活压力的层层升级，各种挑战随时都可能降临，在思想上没有准备好，就要面对各种压力，这无疑会加重她们的心理负担。男性也是一样，对于婚姻家庭的责任，男性在思想上也没有准备好，同时对女性的理解也不够。因此，女性需要得到更多的理解、关心和支持。整个社会对于女性的心理关怀、心理帮助是需要进行巨大提升的。

再回到情感生活上来说，女性在婚前就像一朵娇美的花儿，享受着男友的照顾，对生活有着很多美好的憧憬，她们往往在婚后才猛然发觉生活中的各种挑战是自己始料未及的，身体上、心理上都需要不断进行调整、适应，这就会对夫妻关系产生影响。有的女性在经历又忙又累又烦的一天之后，到了晚上，根本没有力气和心情再去过性生活，这对夫妻关系会有一定的负面影响。而夫妻关系不够甜蜜，又会给女性带来身心的不平衡状态，进而影响其在生活中其他方面的状态，比如亲子关系。女性如果在情

月牙五更：女性思春

感、情欲方面没有获得很好的满足，对待孩子时也难免会把一些不舒服的情绪发泄到孩子身上，让孩子成为替罪羊。所以，丈夫真的是非常需要关爱妻子的。如果把家庭成员比作一个个齿轮，把家庭的运转比作几个齿轮一起运动，把对家庭的责任感比作带动齿轮转动起来的那股力，如果到了丈夫这里不动了，或者虽然也动但是卡得要命，妻子就得使出更大的劲去带动孩子，就会出现超负荷的困局。我们还应注意到，女性在结婚之前，有一场爱情的春天，在生完孩子之后，实际上身心也在恢复的过程中再次迎来春天。女性会再度迎来对浪漫爱情的需要。丈夫们要把握好机会，多多体贴、照顾妻子的身体、情绪、情感、原生家庭等，支持妻子的爱好、工作等，这样丈夫是可以和妻子顺利走入下一个美妙的春天的。如此一来，妻子们就会少一些"守活寡"，少一些被压抑的"思春"，多许多甜蜜来滋润生活，这对家庭的幸福建设来说是非常关键的。

在本章中，我们从《月牙五更》中的女性思春心理讲到对女性的身心关怀，就是和大家一起从人文视角来关注女性的情感生活需要，关注新时代女性多种角色带来的生活变化。女性的情感是比较细腻的，正是这种细腻，导致其比较敏感。所以，在爱情生活中，广大的男性同胞要多多留意爱人的情感情绪变化，给予爱人的身心状态、生活和工作以充分的理解、接纳和有力的支持。

参考文献

1. 常晓菲.吕梁民歌之五更体歌调研究[J].音乐创作，2017-(09):138-141.

2. 冯丹阳."五更调"歌（乐）系传播的历史脉络[J].乐府新声（沈阳音乐学院学报）,2010,28(03):231-235.

3. 唐俊珊."五更调"研究[D].南京师范大学,2017.

4. 李会君.论相思诗词心理错觉的艺术表现[J].文学教育（上）,2011(09):124-125.

5. 庞玉坤,连仲元.谈"相思病"的心理治疗[J].家庭医学,1991(08).

6. 杨鑫辉.医心之道[M].济南：山东教育出版社,2012:68-72.

走婚夜歌：保护爱情的多元文化

未识别民族：摩梭人

自 1950 年起，中央及地方民族事务机关组织科研队伍，对全国 400 多个民族名称进行识别。加上原来已经公认的民族，1983 年共确认了 55 个少数民族。其他没有被官方承认的独立民族，就被定性为未识别的民族。那些未识别民族主要分布于西南地区，其中贵州省最多，其次为云南省和西藏自治区。另外，浙江省、广东省、广西壮族自治区和江苏省未识别民族均超过 1000 人。

为什么会存在未识别民族呢？官方的解释是：因为资料不足、数据不足、划分民族的标准未统一，再加上中国的民族理论吸收了西方观念，希望能以"血缘"重新划分民族，因此造成了许多未识别民族。据 2010 年人口普查统计，未识别民族总人数为 64 万人左右。本章我要讲的摩梭人就在未识别民族的行列，不过官方也曾按地区对摩梭人进行民族的归类，把云南的摩梭人归纳为纳西族，四川的摩梭人归纳为蒙古族。

摩梭人世代居住在云南、四川交界处的泸沽湖畔，人口约 5 万，他们仍比较完整地保留着以母系大家庭和"阿夏"走婚为主要特征的母系文化，摩梭人是中国唯一一个以母系社会为主的人群，被称为"东方女儿国"。

关于摩梭人的起源，有学者发现，摩梭人是古羌戎的后裔，他们最初分布在我国西北地区，也有许多支系，发展很不平衡。据古书记载："武王伐商，羌髳率师会于牧野。"羌髳（máo）就是古

走婚夜歌：保护爱情的多元文化

羌的支系，曾经参加了周武王指挥的灭商战争，后来有些羌人先后南迁，从事游猎和畜牧活动，沿着川西走廊进入四川、云南之间。

摩梭人的称谓，史籍中有多种同音异字记载。《史记》和《汉书》称"牦牛羌"或"牦牛夷"。由于古代摩梭族为游牧民族，就被称为放牦牛的人。《后汉书》中称为"摩沙"，此后，唐称"么些"或"磨西"，宋称"么些"或"摩西"，元称"摩沙"或"么些"，明称"磨西"或"么西"，清称"摩娑"或"摩挲"。

摩梭人是典型的母核家庭，他们以母系血缘为纽带，沿袭着"以母为大，内部平等，团结和睦"的家庭结构。《宁蒗彝族自治县志》中将当地摩梭人母系婚姻家庭形态长期延续的原因概括为：一是有一种特殊的民族道德观念和心理素质维系；二是特殊的历史传统，即使土司需要一夫一妻制，但民间仍允许继续保持母系婚姻家庭；三是穷人无钱娶妻，无条件组合家庭；四是摩梭人古来崇母；五是母系大家庭关系单纯。

摩梭人的走婚制度

走婚是摩梭人特有的婚姻模式，又称"阿夏婚"或"阿注婚"（阿注、阿夏含有情侣的意思），当地的摩梭人普遍称之为"走婚"，即男不娶女不嫁。在摩梭语中，"走婚"是"tisese""sese"，是"来回走动""走来走去"的意思。以"走婚"来指代性生活模式，既含蓄委婉，又准确表述了必须"走动"

才能够发生关系的独特的情欲模式。

走婚是摩梭人最具代表性的婚俗，女性和男性均不结婚，除非是家族需要女性继后或男性劳动力才会娶妻或招婿。改革开放以后，摩梭文化受外来文化的影响，形成了一种更接近现代婚姻的模式：固定专偶走婚，即仍然采取男女双方各居母家、夜合晨分的形式，但配偶相对固定。

这种走婚婚俗只依赖感情，与经济等一切外界条件均无关。走婚时男性称女情人为"阿夏"，女性称男情人为"阿注"。走婚生下的孩子由女家抚养，男方不需负担，但父亲和孩子都知道彼此的亲子关系。走婚的男女分手后，仍可以自由与其他人重新进行走婚。

走婚的青年男女白天多为集体活动，通过歌唱、舞蹈向心上人表达心意，具有一定的感情基础，二人均同意后，就可以进行"走婚"。走婚时，男方只能在入夜后偷偷潜入女方的房间，与女方同床后，天亮之前需离开。我在本章分享的歌曲就是有关走婚的歌曲《走婚夜歌》。

摩梭民歌：《走婚夜歌》

摩梭人走婚在夜晚进行。走婚之前，男性都要站在女性的花楼外与女性对歌，对歌的歌词也具有一定的即兴性。《走婚夜歌》又名《阿嘟喂》，此曲是摩梭当地一首比较有名的小调，其旋律通畅柔美，充满淳朴的摩梭乡土气息，真实反映了摩梭男女在走婚时的真挚情感。这首歌有不同的版本，旋律大致相同，里面的

走婚夜歌：保护爱情的多元文化

歌词稍有不同。我们欣赏的这一版本是由泸沽湖摩梭人"女儿国组合"和贡嘎所唱的男女对唱情歌。

《走婚夜歌》

作词：拉他咪·王勇

（女）阿嘟喂，阿嘟喂，
鸟儿扇着翅膀，顺着山梁飞走了。
阿嘟我在等你来，
等得心儿跳起来。

（男）阿嘟喂，阿嘟喂，
月亮升起来了，快把火塘烧起来。
阿嘟你要等我来，
我没来呀门莫开。

（女）阿嘟喂，阿嘟喂，
鸟儿顺着山梁，飞走还能飞回来。
阿嘟我在等你来，
等得眼泪掉下来。

（男）阿嘟喂，阿嘟喂，
长脚蚊子咬我，快把门打开。

是我来啦,
快把门打开。

(女)阿嘟喂,阿嘟喂,
祖母已经睡了,阿妈还没睡。
莫要急嘛,
你再等下噻。

(男)阿嘟喂,阿嘟喂,
你家黑狗咬我,快把门打开。
是我来啦,
快把门打开。

(女)阿嘟喂,阿嘟喂,
火塘已经熄了,火炭还没灭。
莫要急嘛,
你再等下噻。

(合)阿嘟喂,阿嘟喂,
我要来了要来了,
你呀不要来呦不要来呦。

歌曲前面的"阿嘟喂,阿嘟喂"是语气词,也是对恋人的呼

走婚夜歌：保护爱情的多元文化

唤。"鸟儿扇着翅膀，顺着山梁飞走了。阿嘟我在等你来。等得心儿跳起来。"此句将摩梭男人比作高山上的鸟儿，表达了女人对男人的一种期盼，其中也夹带着对男人的埋怨，高山上的鸟儿都飞走了，而你怎么还不出现在我身边？此句将摩梭女人久不见情人的思念和期盼描写得真实、贴切。这就是摩梭人的走婚文化，女性在表达感情上，也非常直白，直接就说等得心儿都跳起来了。

男声唱的是"月亮升起来了，快把火塘烧起来。阿嘟你要等我来。我没来呀门莫开"。晚上到了，我没来你不要把门打开，否则就会有别人进去了。走婚都是两个人约好的，到晚上什么时间去，都是有约定的。

"鸟儿顺着山梁，飞走还能飞回来。阿嘟我在等你来。等得眼泪掉下来。"鸟儿飞走后又飞回来了，而阿嘟你还没有来。这表达的是女性着急的心情。刚开始是"心儿跳起来"，现在是"眼泪掉下来"，这些动词特别能表现出女性急切和担忧的心情。

"你家黑狗咬我，快把门打开，是我来啦，快把门打开。"男人在花楼外等待，也是十分着急。长脚蚊子咬得他实在难受，多嘴的黑狗叫得他心慌，他通过巧妙的言语来博取女人的怜悯之心，想要赶紧进入花楼与女人相见。

而歌词中的女人却对答"祖母已经睡觉了，可阿妈还没有睡，你再等一下""火塘已经熄灭了，可火炭还没灭，你还要等待"。从歌词中，我们可以看出女人的害羞。由此也可以看出摩梭人的"害羞文化"在人们的道德观念中是非常重要的。

摩梭人有害羞禁忌，例如绝对不能在火塘前或有亲戚关系的

人面前提及任何跟性有关的词汇,甚至连"阿夏""阿注""怀孕""遗传""走婚"等摩梭词也不能提。否则会令对方尴尬,也是对老人不尊重的行为。所以,女人一直等到家里的人都已经睡着,才能与情人相会。

我之前看过摩梭人的走婚表演。小伙子走婚,要从窗户爬进女人的房间。摩梭人的院子像四合院那种,有祖母房。"祖母房"是一个俗称,摩梭人称之为"依咪"或是"家屋"。祖母房是家庭款客、议事、饮食、祭祀、敬神等一系列重大活动的房间。在刚开始走婚时,男性是不能走过祖母房的,这体现了对女性的尊重,也是受害羞文化的影响。

最后,歌曲以男女一起合唱"我要来了要来了""你呀不要来呦不要来呦"的这种推推让让的歌声逐渐弱下来直至结束的方式结尾,这完全是一种缠绵。

尊重文化的多元性

摩梭人的走婚,考虑更多的是情理而非法理。对于走婚双方来说,双方感情的开始和结束都只依靠男女双方纯粹的感情需求,不需要考虑感情外的财产因素,当走婚中的任意一方经济拮据时,另一方都会倾囊相助,即使出现感情破裂也不会出现要求返还财产的情况。

不过,现在由于经济大潮的冲击,摩梭人的婚姻制度也慢慢改变了,有些摩梭人会与伴侣以正式的婚礼结合。但是,他们的结婚与我们的一夫一妻制也是有所不同的，正式的结婚大部分为招婿入赘，少数是女方外嫁。夫妻婚后未必会同居，有不少正式结婚的摩梭人仍然居于自己所属的母系家庭，财产亦分别属于各自的母系家庭。

由于他们有一种约定俗成的文化，是文化而不是法律在制约着婚姻，因此人们更加自觉。所以，从这个角度来说，"你是我的，我是你的"这种婚姻观念其实更容易出事，更容易出现出轨、婚外情、不忠贞的事情。沙子抓得越紧，流失得就越快。

反倒是摩梭人的走婚，这种靠文化、靠心理、靠两个人的坚定爱情来约定的关系，很少出什么大乱子，像那种搞亲子鉴定的情况基本不存在。所以，走婚制度才得以流传下来，至今还在延续。

现在，在很多人看来，这种走婚是落后的，是不文明的。其实，文化没有好坏，所谓的好坏是以自我中心主义来说的。就像当年日耳曼人看不起犹太人，日本人嘲笑中国人是"东亚病夫"，白种人觉得黑种人野蛮一样，都是只站在自我的立场上。当然，在我们国内，也存在戴有色眼镜看人的这种现象，比如说，在封建社会，中原地区的人会把南方当作是野蛮之地。一个地区的发展落后并不代表其文化落后。这就是自我中心主义带来的认知错误。

我国主要实行的是一夫一妻制，但是，其他国家不完全是这样。阿拉伯国家实行的就是一夫多妻制。当然，他们实行一夫多妻制是有历史原因的。因为自古以来，阿拉伯地区乃兵家必争之地，战乱不断。所以，大量的男性战死，留下了家里的孤儿寡母，并且使得男女比例严重失调，男少女多，最高时男女比例达

1∶7。因此,为了帮助那些因丈夫阵亡或病死而生活无靠的妇女,缓解男女比例失调问题,阿拉伯国家就采取了一夫多妻制。

在藏族、纳西族等地区实行一妻多夫制。这主要是资源匮乏所导致的,因为一户农民所拥有的可供开垦的土地有限,所以,通常一户兄弟几人合娶一个女人做妻子,这样生下的孩子还是亲兄弟,就不用分家了。一般孩子会叫母亲年龄最大的丈夫为父亲,而称呼其他人为叔叔。

婚姻制度的多元化就是要允许多种婚姻文化存在。不能因为其他地区的婚姻文化和我们不一样,就否定其婚姻制度的合理性。

走婚文化及限制

需要注意的是,摩梭人走婚也是有限制的。摩梭人尽管13岁行成丁礼,但走婚多在17～18岁开始。另外,走婚严格禁止血亲与姻亲,在选择走婚对象时,也十分注重对方的健康状况及人品等,在不了解对方根底的情况下,不能与之走婚,也不能与仇家建立这样的两性结合关系。

走婚范围与界限世代相传,均通过老一辈人向下一代人口传,以明确与之有血亲、姻亲关系者,并告知走婚时应遵守的相关道德伦理观念。

摩梭人走婚时若违反相关的规矩,男女任何一方若不顾界限去进行走婚,将受到社会、家人的谴责与鄙视,其在当地的生存也将会面临巨大的压力。正是由于有这样的保持、坚守与约束,走婚及母系婚姻家庭形态才得以长期延传下来。

走婚制度背后有一种走婚文化，走婚文化背后有一种文化信仰。人们相信万物有灵，并对这个世界怀有敬畏之心，做一切事情都有规范而不会乱来。人的一些小情小爱在这种信仰面前还是显得微不足道的。从这方面来说，越是文化形成的，越是约束力强。

摩梭人走婚文化与我们的汉族文化是不一样的。一种文化的延续是不容易的，所以，我们需要保护现存的文化。现在，我们说保护群体的自尊，比如说对军人致敬，对老师致敬，但是，在我看来，最应该致敬的是文化。我们向文化致敬，就是要保护文化的多元性，不要试图改变它们。入乡随俗，客随主便，都是对文化的尊重。

走婚制度下的亲子教育

走婚中的两个人，感情稳定，生下孩子后，孩子就由女方及其兄弟抚养，男方是不能抚养孩子的。这种抚养方式，以血缘关系维护，有着比较坚固的伦理基础。

女方的孩子出生后，留在女方的母系大家庭成长，男方也会经常到女方家看望孩子，并给舅舅一定的抚养费。但身为父亲，不会因为距离就不重视对后代子女的教育。虽然子女一般都在女方家由母亲和舅舅抚养，但是子女教育的支出基本都由父母共同承担，父亲也会拿出子女的抚养费用。

孩子和爸爸的关系怎么样呢？在摩梭人那里，爸爸是不会打孩子的，除非这个孩子有很大的问题，妈妈才会求着爸爸来打一顿，其他时间都是舅舅在管。但是，舅舅又不会咬牙切齿地打。所以，孩子基本上是幸福的，他们的亲子教育基本上没有多大问题。

摩梭人实行走婚，这其实是另一种合作的方式，不是生的孩子俩人一起养，盖套房子俩人一起住。而是你住你的房子，我住我的房子，这是一种比较自由的关系。这种关系没有财产纠纷，主要是靠文化约束，但效果反而更好，这是值得我们反思的。

参考文献

1. 肖二平,张积家,王娟.摩梭走访制下的阿注关系:是亲属还是朋友?[J].心理学报,2015,47(12):1486-1498.

2. 赵心愚.中国西南扎巴人、摩梭人"走婚"的范围与界限:兼论其对母系家庭形态存续的影响[J].民族学刊,2018,9(01):19-24,102-106.

3. 蒋秋玲,唐茁淳.现代摩梭人走婚文化中的财产观念及对社会的影响:以泸沽湖地区为例[J].文化学刊,2018(05):52-54.

4. 闫磊.泸沽湖畔摩梭人母系制社会的文化人类学探析[D].西南财经大学,2013.

5. 刘蓉.纳西族摩梭人民歌风格与演唱探究[D].云南师范大学,2019.

情姐下河洗衣裳：
婚姻模式背后的深层文化动力

爱情心理学：流淌在民歌中的爱情智慧

婚姻的四种亲密关系模式

婚姻里主要有四种亲密关系模式。第一种，是"父亲"对"内在小女孩"，丈夫的父性自我倾向于照顾妻子的内在小女孩；第二种，是"母亲"对"内在小男孩"，妻子的母性自我倾向于照顾丈夫的内在小男孩；第三种，是"男人"对"女人"，丈夫的男人自我和妻子的女人自我相互享受彼此的浪漫情怀；第四种，是"内在小男孩"对"内在小女孩"，丈夫和妻子两个人的内在小孩一起玩耍。

这四种模式通常会在婚姻里交替出现。我在《爱情心理学》一书中提到过，夫妻之间的相处模式要与时俱进，适时而变。幸福的婚姻是夫妻俩能够将这些模式都充分体验。在本书中，我们从文化心理研究的视角，可以看到在有些婚姻中，会以其中一种亲密关系模式为主要模式。例如，有的民族和地区的婚姻就会以"母亲"对"内在小男孩"的模式为主，并且，男女双方还会享受其中。这时，我们就要去理解其亲密关系模式背后深层的文化心理动力。

首先，我们来欣赏一首仡佬族的民歌《情姐下河洗衣裳》。

《情姐下河洗衣裳》

贵州石阡县民歌

情姐下河喂，洗衣裳啰。

情姐下河洗衣裳：婚姻模式背后的深层文化动力

双脚踩在哎，青石上啰喂。

手拿棒槌哎，朝天打啰。

双眼观看噻，少年郎啰喂。

棒槌打在哎，妹手指啰。

痛就痛在噻，郎心上啰喂。

手拿棒槌哎，朝天打啰。

双眼观看噻，少年郎啰喂。

棒槌打在哎，妹手指啰。

痛就痛在噻，郎心上啰喂。

哎——

痛就痛在噻，郎心上啰喂。

哎——

这首歌中的"情姐"会让我们觉得不太一样。因为，很多爱情歌曲都称呼女方为"妹妹"。男孩子一般会叫女孩子"情妹妹"，这是大众的普遍逻辑。现在来了一个"姐姐"，这是很值得研究的。

在我们的文化中，有"女大三，抱金砖"的说法。当一位男子找了一位比自己大三岁的女子结婚，别人通常都会竖起大拇指夸赞："这个婚姻好啊！女大三，抱金砖！"关于亲密关系中女方比男方大，我们的文化中还有专门的俗语赞道：

女大一，抱金鸡；

女大二，金满贯；

女大三，抱金砖；

女大四，福寿至；

女大五，赛老母；

女大六，乐不够；

女大七，笑嘻嘻；

女大八，准发家；

女大九，样样有；

女大十，样样值。

我们看，从"抱金鸡"，到"金满贯"，再到"抱金砖"，最后到"样样值"，基本上都说到了"发家致富"，有点类似于家里需要一个好管家的意思。的确，有时候男人说女人是"败家媳妇"。"败家"的反义词是"持家"。在一个家庭中，一般都是女人持家的。人们希望女人持家，带领家庭发家致富。

在爱情中，如果女方真的比男方大三到五岁的话，从自我人格上来讲，他们的相处模式，可能男方更多的是"内在小男孩"的角色，女方更多的是"母亲"的角色。

除了"女大"的赞词，还有"女小"的赞词："女小五，人楚楚；女小四，好脾气；女小三，男当官；女小二，生宝儿；女小一，住京师；若同岁，常富贵。"全都是很积极的语言！

爱情心理学研究认为，性别优势是影响爱情体验程度的重要因素之一。这些俗语中呈现出的女大或女小带来的好处，虽然说是祝福婚姻幸福美满的吉祥话，但其实也反映了我们的文化中总结出来的女性的性别优势，也会在一定程度上影响着男性的爱情心理体验。

我们要注意的是，这些民俗赞词更多的是从生活层面或家庭管理层面来说的。至于在心理层面，两个人能不能亲密相处，那就要看双方的人格匹配程度了。如果一个男孩子，他的性格里是需要被别人照顾的，那么他就可以去找一个能够照顾他的女孩子。如果他倾向于照顾别人，那么他就得去找一个愿意被他照顾的女孩子。

情姐和少年郎为何相互爱慕

《情姐下河洗衣裳》这首歌是贵州石阡县仡佬族的原生态民歌，主要说的是男女青年相互爱慕，又不能直接向对方表白，姑娘只能在下河洗衣裳时，一边洗衣裳，一边悄悄观看心中的少年郎。结果姑娘不小心把洗衣裳的棒槌打在了手上，很疼很疼，也疼在了少年郎的心上。

姑娘比少年郎年龄大一些，因此被少年郎称为"情姐"。从"情姐"的视角来看，她其实渴望这位少年郎心疼她，渴望这位情弟弟像父亲或哥哥一样去疼爱她。因此，后面的歌词又变成了"棒槌打在哎，妹手指啰"。

这份心思其实是有点矛盾的，一方面，情姐渴望少年郎具有父亲一样的体贴、疼爱；另一方面，她又希望对方是一位听话的少年郎。其实，对于少年郎来说，身份的转变是很难的。

那么，情姐和少年郎为何能够相互爱慕呢？

据学者研究，从生理视角来说，爱情中浪漫与吸引的产生与多巴胺和复合胺有关，它们可以促使个体与某个特定的对象彼此相恋。

从进化心理学来说，刚开始发育的男孩子会比较喜欢成熟一点的女孩子，而不是喜欢刚刚发育的女孩子。因为，稍微成熟的女孩子，她的身体丰满，更能够满足小男生对于母性的需要。所以，从这个角度来说，这位少年郎爱慕情姐是很正常的。

而在生理因素之外，更值得探究的是人格因素和文化因素。

人在恋爱过程中，都有可能会遇到年龄大或年龄小的异性。个体会选择比自己年龄大的或是小的伴侣，是与人格有关系的。如果个体人格中有某种缺失，就会一直寻找那个可以弥补这份缺失的人。比如，有的人在性格上是需要被人照顾、爱护的，他就会倾向于找一个能照顾自己的人。年龄大的一方通常会被视为能够照顾年龄小的一方。当然，其实我们更多的还是要从心理上看一个人是否具备照顾别人的能力。如果对方只是年龄大，却不会做饭，不会洗衣，不懂得照顾人，那年龄小的另一半可能就不会再考虑与之相处了。同样地，如果对方只是年龄小，但是又会做饭，又会洗衣，又懂得体贴照顾人，样样都做得很好，那需要被照顾的一方便会很满意这样的伴侣。在姐弟恋中，可能女孩更多地会享受男孩像弟弟般的感觉，也满足了其内在"母亲"角色对一个人进行关怀的需要。

情姐下河洗衣裳：婚姻模式背后的深层文化动力

而我们更要深入进行探究的是，由于人格是在文化背景中形成的，那么，为什么少年郎会倾向于找一个勤劳能干的情姐呢？他在人格上为什么倾向于被别人照顾呢？我们就不得不去考量其文化背景。

仡佬族的文化与婚姻制度

《情姐下河洗衣裳》反映的是贵州仡佬族原汁原味的地方民俗风情，被《民歌·中国》的"民歌博物馆"永久收藏。因此，我们就要深入仡佬族的文化中去看一看。

仡佬族是中国的少数民族之一，具有悠久的历史文化。根据2010年第六次全国人口普查统计，仡佬族总人口数为550746人。仡佬族人大多聚集在贵州省务川和道真这两个仡佬族苗族自治县和石阡县，少数聚居于云南、广西和越南。

仡佬族先祖曾被称为葛僚。中华人民共和国成立后，经各地仡佬族代表协商，报经国务院同意，1956年公布统一称其为"仡佬族"。仡佬族人与古代贵州的僚人有一定渊源。唐宋时，史书中已经出现了"葛僚"这样的一些名称，统称为"僚"。"僚人"可能是古代对这一地区若干少数民族的泛称。而与仡佬族有着更直接密切关系的"仡佬"一名见于南宋朱辅写的《溪蛮丛笑》这本书，自明代以来许多史籍都有介绍。

公元前130年，汉朝以夜郎地设置犍为郡，前111年又分设群。从此，这一带与中原地区的联系逐渐密切。汉族封建社会的生产力影响了仡佬族，促使他们缓慢地向封建社会过渡。7世纪时，唐朝在今贵州省北部僚人居住地区，建立了羁縻州。这时，僚人社会的生产力已发展到了相当高的水平。农民生产的稻、麦等粮食已有一部分作为商品在市场上出售，他们纺织的"僚布"质量也很好，成了上缴王朝的贡品。

在仡佬族人的文化中，对祖先有着深刻的崇拜。拥有共同血缘姓氏的家族，年纪最大的族长或老者通常具有强大的权威，并形成了仡佬族人对逝去的祖先的崇拜。他们通过建祠堂、编族谱等方式梳理和强调血脉，追根溯源寻至第一代祖先，共同追忆、供奉、崇拜。

仡佬族人对竹有着特殊情感，这是祖先崇拜的体现之一。《后汉书》等史籍中都记载了仡佬族的先民与竹的深厚渊源。传说夜郎王就诞生于河中漂流下来的三节大竹之中，被在河边浣衣的女子发现并抚养长大，冠以"竹"性。后来，这位男子自立为"竹王"，也就是夜郎王。夜郎古国也被视为中国历史上神秘的三大古国之一。夜郎文化中，对"竹"的尊崇是其重要组成部分。在仡佬族人的日常生活中，"竹"占据一席之地。例如，在贵州道真县，妇女生育必须将胎盘深埋于竹丛中，以得到"竹神"的庇佑。仡佬族人造屋时，在用到竹子的工序中都要祭祀"竹神"。在家族祠堂及墓碑上都要刻上"拜竹图"。仡佬族人对"竹"的虔诚崇拜，体现出他们对夜郎王的深厚情感。那么，养育夜郎王的浣衣女子，在仡佬族人的心目中也必然举足轻重。

那么，我们再来看《情姐下河洗衣裳》。同样是在河边洗衣

情姐下河洗衣裳：婚姻模式背后的深层文化动力

裳的女子形象，在仡佬族少年郎的心里，这个画面不仅是美好的，从心理文化来说，也是神圣的。

在仡佬族的婚姻制度中，女子出嫁当天会"哭嫁"，以感念父母的养育之恩。在嫁入夫家后，第三天到娘家回门。回门时，新娘不做任何事情，而回门归来后，新娘即开始下厨做饭、上坡劳作及操持家务。我们能够看到，仡佬族的新娘子进门之后，即成为婚姻家庭的主导者，是照顾丈夫的角色，是要做很多家务活的人。

那么，从文化心理的视角来看，少年郎爱慕情姐，便再正常不过了。《情姐下河洗衣裳》这首民歌也反映了在仡佬族的婚恋观中，男子是倾向于选择一个能够照顾家庭、操持家务的女子成婚的。

作为心理学工作者，我们可以从一些民俗文化中去寻找婚姻文化，并透过婚姻文化去理解亲密关系的相处模式。《情姐下河洗衣裳》中的亲密关系模式，就是可以从贵州仡佬族的文化中得到诠释的。

谁来主导家庭，由文化因素推动

现在很多爱情歌曲，描写的大都是男女双方谈情说爱，很少讲到两人一起干活的场景。而这首《情姐下河洗衣裳》，就是情姐在河边洗衣裳，抬眼去看岸上的少年郎。这个过程，隐隐约约反映出女方的勤劳与男方的悠闲。

我们中国从母系社会演变至今,在婚姻家庭中,普遍还是以女人为主导。其实,在婚姻家庭中,谁想主导的话,谁就得有主导的资本。主导的资本是什么?就是你要真正为家庭事务而操劳,而不是只为家人赚钱就可以了。比如,洗衣服,做饭,什么都得你来掌管。现在,婚姻中的一些问题出在哪里?就是有的人又想主导,又不想干活,这不是相互矛盾吗?婚姻本身就是合作机制的,你不对这个合作集体做贡献,你还想控制集体,那可能吗?根本不可能!既然想当这个阵地的指挥官,就要把这个阵地守护好。

仡佬族的婚姻制度,就反映出了其由女人来掌管家庭的地域文化。可能在一些人看来,那里的女人很辛苦,而男人太懒,这有点不像话,但是,仡佬族就是这样进化过来的。他们在两性相处中,就是妻子照顾丈夫。妻子们不觉得自己受委屈,不觉得自己辛苦。子非鱼,焉知鱼之乐,是吧?

物竞天择,适者生存。适合自己的,就会在进化过程中一直延续下去。因此,我们也可以说,不管是男方年龄大还是女方年龄大,不管是女方干活干得好还是男方干活干得好,只要两个人在一起开开心心的,就行了。

如果是男人来洗衣服,可能女人还会觉得很奇怪呢。这就是婚姻爱情背后的文化因素,我们不得不去考量。

然而,这可不是"从众"。"从众"是从社会心理学的角度来讲的,是指由于群体的压力而改变个体自身的行为或信念。从众有两种情况,一种是对于群体行为暂时的顺从、服从;另一种是从内心做到接纳,在行动上和群体保持一致。等群体行动结束,人们可能又会回到自己原先的模式。而文化是约定俗成的价值观，人们的许多行为都是在文化的推动下形成的。社会因素会暂时地影响行为，但文化是对人们的长久行为进行影响、约束、规范的深层力量。比如，一个信奉要尊重、呵护妻子的男人，到了一个地方去旅行，即便发现这里的男人对待妻子都很粗鲁，他也绝不会学着他们去向自己的妻子又吼又叫。他照顾妻子的感受，体验到的是甜蜜和责任感，而不是觉得自己委屈了。

学者们在研究不同文化背景中爱情现象的差异时发现，不同文化的人们倾向于以不同的方式和程度体验爱情。人们何时、与谁以及怎样走入爱情都受到其文化背景的影响。并且，当人们步入恋情时，文化能够调节其爱的感受，影响人们对爱情的态度以及人们在爱情生活中认为哪些行为是最合适的、最令人产生愉快体验的。

所以，在亲密关系的相处模式中，其背后往往蕴含着一些婚姻制度，而婚姻制度背后又蕴含着一种文化心理，文化心理的背后是我们千百年的历史积淀下来的一些风土人情力量。曾经有人说过，不要试图改变别人和自己。在这里，我更想说的是，不要与基因为敌，不要与文化对抗。要顺应文化，入乡随俗，融入当地的文化中，这样你才会享受到这份文化给你带来的滋养。

参考文献

1.张新.略谈贵州仡佬族的婚姻制度文化[J].考试周

刊,2014(79):31-32.

2.周小艺,杨凡.族群认同视域下遵义仡佬族的文化自觉[J].贵州民族研究,2019(08).

3.张勤.夜郎文化中的濮:兼论濮人对仡佬族文化的影响[J].民族文学研究,2007(02):107-112.

4.刘宝强,陈朝晖,罗震声.务川仡佬族婚姻文化探析[C]//2016年首届哲学社会科学智库名家·贵州学术年会优秀论文集.2016.

5.[美]戴维·迈尔斯.社会心理学[M].北京:人民邮电出版社,2014:187.

6.[美]罗伯特·J.斯腾伯格,凯琳·斯腾伯格.爱情心理学[M].北京:世界图书出版公司北京公司,2010:264-267.

关雎：爱情的科学阶段

爱情心理学：流淌在民歌中的爱情智慧

经营爱情要有阶段意识

对于每个人来说，爱情都是一生中非常重要的主题。我们的人生想要幸福，基本上绕不开爱情。因此，对待爱情，对待婚姻，我们要认真。认真了才能创造幸福。作为生命中令人期待的情感旅程，我们很有必要来梳理一下爱情的科学阶段，树立起爱情的阶段意识。

在本章中，我将通过现代心理学的视角来解读《诗经·关雎》中的爱情阶段。为什么要选择《关雎》作为解读对象呢？因为《关雎》是《诗经》的首篇，全篇用浅显易懂的话语，描绘了男子爱慕女子，追求女子，到最后缔结婚姻的全过程，其中蕴含着丰富的爱情智慧。《关雎》在今天也被编成了优美的歌曲。两千多年前美好的爱情诗歌再次成为悦动的美丽音符，流淌进我们的心里，让我们欣赏、聆听、感动。

《诗经》是古人没有经过修饰的内心情感、外部关系以及生活状况的一种简单的、纯朴的、真实的呈现。我们讲爱情心理学，最重要的，就是要回归到爱情最初的纯真中来。

我解读《关雎》中的爱情，是"古为今用"，就是把古代的心理学思想与智慧用现代心理学的科学方法和视角进行转换，目的是希望能为当代人的幸福生活做指引，让我们今天的幸福道路更加顺畅。

关雎：爱情的科学阶段

关雎

关关雎鸠，在河之洲。窈窕淑女，君子好逑。
参差荇菜，左右流之。窈窕淑女，寤寐求之。
求之不得，寤寐思服。悠哉悠哉，辗转反侧。
参差荇菜，左右采之。窈窕淑女，琴瑟友之。
参差荇菜，左右芼之。窈窕淑女，钟鼓乐之。

爱情的第一阶段：身心成熟

《关雎》中呈现出了爱情的四个重要阶段。

第一个阶段是："关关雎鸠，在河之洲。窈窕淑女，君子好逑。"

"关关雎鸠"中的"关关"是鸟的和鸣声。"雎鸠"是能下水去捕鱼的一种水鸟。此句是说有一群雎鸠在鸣叫。它们在哪里叫呢？"在河之洲"。"洲"比岛要小一些，往往是在河流分叉处形成的一小块空地。一群雎鸠就在"洲"上鸣叫。

鸣叫的雎鸠和窈窕淑女有什么关系呢？其实，这里面有一个隐喻。在商周时期，百姓通常用雎鸠捕鱼象征男欢女爱。雎鸠去捕鱼，就像今天我们讲的男孩子追女孩子。鸣叫的雎鸠象征着已经发育成熟的男孩子，鱼象征着女孩子。鸣叫的雎鸠去捕鱼，隐喻出男孩子要开始追女孩子。

"窈窕淑女，君子好逑。"那边有一群雎鸠在捕鱼，这边有

205

爱情心理学：流淌在民歌中的爱情智慧

一群男孩子在追女孩子，这进一步隐喻了人性和大自然本性的和谐统一。雎鸠要吃鱼，这是大自然的本性。男孩生理发育完成，要去追女孩子，要去进行男欢女爱，要去繁殖后代，这是人性。把大自然的本性和人之常情进行一个对比，这是特别有意思的事，也是《诗经》的美丽之处。

男孩与女孩在合适的年龄谈恋爱，是满足三个方面的需求的：第一，是本能需要的满足。人到了一定年龄阶段，要去繁衍后代，这是生物的本能。人类在进化过程中，首要任务是生存，生存就包含了繁衍。第二，是社会本能需要的满足。从谈恋爱到结婚，也意味着两个人进行生产合作，一是生孩子，二是合作经营家庭与生活。第三，是心理需要的满足。你给我关心，我给你依恋，彼此之间在情感上依附对方，这叫情感的满足。人是情感的动物，如果没有情感的慰藉，就容易出现各种心理疾病。

"窈窕淑女"中的"窈窕"有两种含义，一是指女子文静而美好，二是指宫室、山水很幽深。在这里，很显然是第一种含义。女子文静而美好，就包含外在美和内在美两个方向。"窈"是指心灵，"窕"是指身体。现在很多人把"窈窕"只理解为苗条的身段这种外在美，其实是比较片面的。"窈窕"还包含内在美。

内在美可以理解为女子的品德，现在可以称之为积极心理品质，比如自爱、独立、温柔、温婉、纯真、善良等。一个具有内在美的女孩是可以让家族兴旺三代的，因为她在上孝敬公婆，在下疼爱子女，中间支持丈夫，这三代人都会受益。

说完"窈窕"，我们接着来看"淑女"。"淑"指女性蕴含

关雎：爱情的科学阶段

着善和美的品德与行为。淑女具有内在的品德和修养，并且能够知行合一，在外在行为上能够与内心一致。

"窈窕淑女"就是指身材婀娜多姿，内心善良，有良好修养的女子，就是身体成熟、心理成熟、人格完善、具有美好品德的女子。

爱情在刚开始时往往是性的吸引。一见钟情其实就是性吸引。什么时候男人和女人最容易一见钟情呢？就是在男孩子性荷尔蒙分泌旺盛的时候，就是在女孩子"窈窕"的时候，这是恋爱的最佳时机。

不过，相爱容易相处难。什么样的人才能拥有长久的爱情呢？现在，大多数女孩找男朋友，都是要找对自己很好的，并且要求结婚之后，丈夫还能像谈恋爱时一样对自己好。岂不知丈夫以后对自己的态度，以及与丈夫之间相处的体验，不仅是由丈夫决定的，更是由妻子决定的。如果妻子只是"窕"而不"窈"，只有身材婀娜，年轻美貌，但是没有内在的美德和修养，不具备应有的积极心理品质，那么，即使丈夫对她很好，她也不会觉得满意。

归根结底，爱情的幸福离不开女子的"窈窕"。"窕"决定了双方相互吸引，而决定能否幸福相处下去的是"窈"。所以，才会有"窈窕淑女，君子好逑"。

案例

我之前认识一位年近40岁的女性，长得非常漂亮，身材苗条性感，可是她却患有抑郁症，有过若干次自杀的经历。按理说，这样一位美貌的女子应该婚姻幸福、家庭美满才对。可她现在还没有结婚。由于没有受过高等教育，她在十八九岁时，就进了一个高尔夫球俱乐部，遇到的人也都夸她长得漂亮，给了她很多赞美。久而久之，她就觉得自己是一个完美的人了，不需要再进行成长和学习，还当了有钱老板的情人。可她过得并不幸福。她告诉我，她现在最大的困扰是：一开始，男人都喜欢她喜欢得要命，可是只要两人相处一个星期，她就能明显感觉到对方讨厌她。追她的男人很多都是这样。当她感受到别人讨厌自己的时候，她内心也开始讨厌自己。久而久之，她就抑郁了。

大家请注意，"窈"指的是内在美。两个人相处时，在家庭文化上、在性格上，必然会有不一致、不合拍的地方，如果动不动就相互瞧不上眼，动不动就生气吵架，那还怎么生活下去？《关雎》用两个字"窈窕"点明了爱情要内外兼修。其实，人情不远，古人和现代人在情感上是差不多的，"窈窕淑女"的思想在当代仍是适用的。我们不要以为几千年前的人，他们在爱情上跟当代人的想法不一样，其实，古人那个时候比现在的我们想得还简单。为什么？因为他们没有那么多的约束。我们要向他们学习，重新回归朴实无华。

现在，我们从小就被教育要做一个优秀的人，大家都戴着各种各样的面具，尽量把自己伪装成让他人都满意的人。我们已经不是那个真实的自己了，所以，我们要向古人学习，返璞归真。内在有一分"真"，你才会具备为了爱情而迎战生活各种挑战的力量。"真"是从生命深处射出的利箭，会一直冲向它的目

关雎：爱情的科学阶段

标，无惧各种艰难险阻，帮助你实现人生的意义。如果你失去了"真"，也就失去了原初的动力，人生就会像一盘散沙，轻轻一碰，所谓的"成功"就会碎成一地，让你觉得毫无意义。所以，优秀也是要发自生命之本真，冲着真、善、美去的优秀，才是能够让生命丰饶的成就。

其实，爱情就是这么简单！鸣叫的时候，就是要去捉鱼。窈窕淑女，就是要内外兼修，然后才能有君子好逑。淑女满足了内在美和外在美这两个条件之后，就到达了一种境界。好女子就是一种人生境界。

君子

君子是什么？君子是成为一个人的人。"成为一个人"是人本主义心理学家罗杰斯提出来的，他指出个体身体发育成熟并不代表就是一个完整的人了，在心理上、在社会角色上等各方面都发展完善，才能成为一个完整的人。所以，人一生都在奔着一个目标前进，就是成为一个人。成为一个人，就是成为更好的自己。

罗杰斯提出的"成为一个人"，和儒家思想中的"成为一个君子"，两者其实是相同的。君子是什么？君子是身体的成熟、心理的成熟、社会的成熟、人格的健全，情商、智商、挫商各方面都很强。只有这样的君子，才配得上窈窕淑女。

现在，有一些女孩子不能恋爱，一恋爱就受伤，她把受伤归因在别人身上，认为是自己不走运碰到一个渣男，是他欺骗了自己。可是，她却没有想过，如果她是窈窕淑女，也就只有君子才配得上她，她也就很难会被那些渣男所吸引。她看上渣男的原因，有可能是由于自身有一些地方没有成长好，需要继续成长和完善，才能拥有识别君子的眼光和与之相匹配的能力。所以，女性不要只去抱怨男性，还要把自身修好，这样渣男就很难接近你了，你才能和好的男人一起品味爱情。

窈窕淑女，只有君子才能够匹配。君子好逑，"逑"就是匹配的意思。

君子配淑女，淑女配君子。这就好比是红粉配佳人，宝剑赠英雄。

生活中还有这样的现象。有时候，两个看起来很优秀的人在一起，却不一定是好姻缘；两个看起来很平庸的人，却生活得非常幸福。这里就要讲到男人与女人之间的匹配。民间有这样的说法："有好汉，没好妻，赖汉娶个花滴滴。"就是说有一些很优秀的男人，往往娶不到漂亮的女子，或者是娶不到一个性格好的女子。而那些看上去一般般的人，甚至还有点平庸的人，却有可能娶到美女，娶到温柔贤淑的女子。

这里所说的"好汉"和"赖汉"，其实是有两面性的，都是人们片面的认识。因为，每个人都有好的一面和不好的一面。正因为他把好的一面展示在我们面前，我们才判断他为好人。如果把他不好的一面也拿过来一起衡量，这个人可能就没有那么好了。同理，"赖汉"也是如此，他那美好的一面没有被我们认识到。而君子是在人前和人后都很优秀的人。如果在人前是好汉，在人

关雎：爱情的科学阶段

后是赖汉，就不是君子；同样地，在人前是赖汉，在人后是好汉，也是没有达到君子的标准。

男女匹配有三个层次。

最高层次的是君子配淑女。君子是全能型的人，内外兼修，在外边彬彬有礼，在家里也能和爱人相顾相惜；平时遇到事情，也敢于冲锋向前、承担责任；有时候是大男人，有时候又有小男孩的可爱与讨人喜欢。这样的君子能够和淑女相匹配。

如果没有达到君子的高水平，但是又到了鸣叫的时间，怎么办呢？不是所有的"雎鸠"都是抓"鱼"的能手，也有相貌或身材不好的，还有心理上有一些不完善的，那该怎么办呢？如果外在美不是很出色的话，可以培养内在美。心理上还不够完善，可以继续成长，同时多发挥自己的积极心理品质。善良的品质、坚毅的品格、体贴的能力，我都是具备的，我的内在也有很光明的一面，所以，我也一样可以找一个与我匹配的人幸福地度过一生，这就是中间层次的男女匹配。

"有好汉，无好妻，赖汉娶个花滴滴"就属于中间层次的爱情匹配水平。这时候不是两个人在好与不好的两个面上都匹配，而是一方的阳面正好匹配了另一方的阴面。在相处过程中，既有一些美好，又有一些冲突。所以，我们说，爱情并不能改变一个人，因为过去很难改变，你只有慢慢成长。不过成长也是需要很长时间的。我不能在鸣叫的时候不恋爱、只成长对吧？所以，我要找一个与我匹配的人。

最低层次的男女匹配，就是两个不对的人走到了一起。正好

是我的阴面碰到了你的阴面,这就叫"冤家路窄,狭路相逢"。吵了一辈子,闹了一辈子,互相也没有认可过对方。这种婚姻其实也是很多的。

《关雎》的第一部分,主要是讲爱情的第一阶段。你了不了解你自己?你不要老望着天上,你要客观地审视自己,以自己目前的条件,能找什么样的人。其实,找一个匹配的人比找一个优秀的人更幸福。这就是《关雎》告诉我们的爱情箴言。

爱情的第二阶段:相思相念

在爱情的第一阶段,你要做好准备,这个准备分为内在的准备和外在的准备。外在的准备就是身体发育要完全,内在的准备就是自己的心理资本要强,可以承担有些不如意的结果。同时,还需要了解自己,知道自己与哪一类人最匹配。

第一阶段过后,就迎来爱情的第二阶段:"参差荇菜,左右流之。窈窕淑女,寤寐求之。求之不得,寤寐思服。悠哉悠哉,辗转反侧。"

"参差荇菜",荇菜是什么?荇菜是一种浅水植物,匍匐生长,叶子漂浮于水面或生于泥土中。因为周朝的祖先经历过吃荇菜的时期,所以,当时的百姓用荇菜来祭祀祖先。每年的六七月份,家家户户都要去河边采荇菜。

既然要采荇菜祭祀祖先,那谁去采呢?不准已婚妇女采,要未婚的十五六岁的女子去采。当未婚女子采荇菜时,男孩子就全

关雎：爱情的科学阶段

部跑到那个地方去看。这就相当于一群成熟的鱼，引来了鸣叫的雎鸠。男孩子就拿着乐器跑到岸边唱歌跳舞，吸引女孩子。

"参差荇菜，左右流之"，其实就是说女孩子到了思春的季节，采荇菜的民俗活动便成了未婚男女的相亲活动。

在爱情的第一阶段，已经具备了恋爱的三个条件。第二阶段就可以参加相亲大会了。一般在什么地方相亲呢？就是在民俗活动中相亲。《关雎》中提到采荇菜活动，其实女孩采荇菜还有一个隐喻，就是用女孩的纯真、干净的心来表达对祖先的尊重。女孩本身是干净的，采回的荇菜自然也是干净的。用干净的荇菜祭祀祖先，这是对祖先最起码的尊重。

女孩子在河边采荇菜，男孩子就在岸上观察她们。正因为女孩的"左右流之"扰动了男孩的心，于是就出现了"窈窕淑女，寤寐求之"的相思。男孩看上了一个女孩，晚上躺在床上睡觉时，还想着这个女孩，暗暗发誓一定要追到她。

当然，在"采荇菜"这个相亲大会上，我们要思考这样一个问题：女孩采荇菜，男孩观看，这到底是女追男，还是男追女呢？从这首诗的"寤寐求之""君子好逑"这些描写来看，能感觉到是男孩追女孩的。男孩去参加这个相亲大会，就是要找一个喜爱的姑娘。既然男孩在这场相亲中是处于主动地位，那女孩就是被动的吗？其实不尽然，因为女孩采荇菜，"左右流之"，带有一定的表演性质。女孩主动展示自己的风采与美丽，去吸引男孩。有人说"男追女隔座山，女追男隔层纱"，其实男孩和女孩是非常平等的，只不过追求时用的形式不一样。

爱情心理学：流淌在民歌中的爱情智慧

潘安这个人，想必很多人都听说过，这是一个很帅气的男人。一次，潘安驾车出游时，正好碰到洛阳城的集会。由于潘安实在是太帅了，很多女性听说潘安要从这路过，几乎激动得晕了过去。为了让这个大帅哥关注到自己，有些女性就采用"攻击"的形式，向潘安的车子扔水果，让大帅哥注意到自己。果然，此种"攻击"行为成功地引起了潘安的注意。潘安见到落在车里的都是桃子、李子、杏子，不由得惊喜，还特意钻出车来向大家挥手感谢。大家看，过去的女孩子也是可以主动向喜欢的人表达爱慕之情的。

现在，有很多女孩有这样的困惑：我喜欢一个男孩，要不要跟他表白？在这里，我想说的是，你可以就等他来表白，但是你不能不作为，你要"参差荇菜，左右流之"，展现自己的美丽，你不表现，男孩怎么知道你的好呢？

男女双方在爱情中是平等的，都可以主动表现，只是表现形式不一样。大家看，《关雎》里，女孩第一天去采了荇菜。采荇菜祭祀只要一小筐，一天的采摘量完全足够，但女孩第二天去，第三天去，第四天还去，这说明什么？女孩根本是醉翁之意不在酒，去采摘荇菜就是为了展示自己漂亮的身段和美好的内涵，好让别人来追自己！这不是主动出击吗？这里给了我们一个什么启示？各位未婚的男女青年朋友，如果你藏在深闺根本不出去，那你就很难找到对象了！

当然，今天没有采荇菜的活动了，不过我们可以多参加朋友的聚会，多去旅行，看看不同的人，要敢于在别人面前展现自己，也许你就会遇到生命中的另一半。

关雎：爱情的科学阶段

在遇到喜欢的人时，一定要勇敢地追求，如果"求之不得"，就只能"寤寐思服"了。

"悠哉悠哉，辗转反侧。""悠"是一段长长的时间，夜晚真的是太长了！男孩躺在床上，思念着女孩，辗转反侧，怎么也入不了眠。趴着睡，不舒服；躺着睡，睡不着；侧着睡，也不好。漫漫长夜，正如男孩思念女孩的悠悠之心，怎么也停不下来。

幸福的人时间很短，苦闷的人夜晚更长。如果两个在爱情中腻歪的人，一起煲电话粥，就算时间过了两三个小时，他们也觉得没聊多长时间。所以，恋爱中的时间有长也有短，当时间的长和短，都被你体验到淋漓尽致的时候，你的甜蜜感、幸福感才会更加地饱满。

请注意，这时候"我"的概念已经发生了变化。"我"不再是我一个人，恋上的那个人也是我生活中的一部分，也是我自我的一部分。恋爱当中有这样的说法："一日不见，如隔三秋。"爱人不在我身边，我就会失魂落魄，魂不守舍。如同丢掉了一部分自我，所以，一个人恋爱的时候，往往也是最傻的时候。因为，此时的我已经不单单是自己一个人，爱恋的那个人也是"我"的一部分，我愿意为爱人付出所有。爱人不见了，我也就失魂落魄了。相恋的两个人，往往是你中有我，我中有你。你的自我里有一半是恋人，恋人的自我里有一半是你。

"求之不得"与"寤寐思服"还有另外一种关系。"求之不得"是现实中我还没有追到女孩子，但是在梦中我们距离很近，这就是典型的"做梦娶媳妇"。现实的距离和心理距离是不一致的。在现实中,我离她十万八千里,我们两个人还没建立关系,但在我心里,觉得她已经是我的了。这是一种特殊时期的心理体验,只有恋爱中的人才能体验到,这是爱情的味道。

我们发现,现在很多年轻人谈恋爱没有耐心。"我想跟你处对象行不行?""不行!"不行就拜拜了,寻找下一个目标。他是没有经过"悠哉悠哉,辗转反侧"这个相思过程的。没有经过这个阶段的人,要么一直在寻寻觅觅,要么闪婚之后存在诸多隐患,这也是在给年轻人一个忠告:好对象是值得等的,好对象是应该等的!

爱情的幸福,不仅包括确定恋爱关系的幸福,还包括在追求过程中的体验。所以,你想获得爱情的甜蜜,还需要等待的能力。如果遇到比较难追的女孩子,男孩就不去等待、不去"寤寐思服,寤寐求之",这其实是很遗憾的。现实中,有些人分手之后,感觉好像从来没有爱过,就是因为没有体验过这个过程,他们缺少了恋爱中"悠哉悠哉,辗转反侧"这个过程。

举一个简单的例子,一个女孩帮忙照顾邻居的小猫一个月,过了几天之后,邻居回来了,要把小猫领回家,结果她就不舍得给了,心疼得要死,还流眼泪。这说明她和小猫产生感情了。她每天跟小猫在一起,照顾小猫,跟小猫一起睡觉,一起吃饭,是有情感连接的体验的。同样的道理,体验在爱情中也是非常重要的。

"窈窕淑女,寤寐求之。求之不得,寤寐思服。悠哉悠哉,辗转反侧。"这就是一个很美好的过程。这个过程越长,你体验到的爱情味道就越多。体验到的爱情的味道越多,你以后对爱情也就越珍惜。即使两人分手了，你也会珍惜曾经的拥有，不会否定过往。无论别人怎么讲，你都知道你深深地爱过对方。所以，你不会轻易地否定你的过去。

人和人不同，生活的体验也不同。体验得多，人生就丰富。在你身上发生了那么多的事，你遇到了那么多的人，只有体验得深，你才会记忆深刻。

爱情的第三阶段：恋爱相伴

"参差荇菜，左右采之；窈窕淑女，琴瑟友之。"祭祀的物品不需要采很多，可能采一天就足够了，但女孩第二天又要去采，父母已心知肚明，也放任她去。但是，这次采不需要"左右流之"，只是象征性地左右采两下，就开始"琴瑟友之"。琴和瑟是两种乐器。"琴瑟友之"就是两人在一起玩耍。这时，两人的关系已变成了朋友，可以通过乐器进行互动：我来弹，你来跳；我来跳，你来唱；我来唱，你来跳……

爱情的第二阶段是思念得睡不着、辗转反侧、悠哉悠哉的过程，第三个阶段是在一起玩耍相处的过程。如果说两人确定关系后，就直接定下日子，准备结婚，这也是不太好的。建立恋爱关系，主要就是一起玩的过程，这个阶段要持续一段时间，不能马上结婚，要不然还会出现问题。

心理学对离婚进行过研究。导致离婚率比较高的几个因素，其中包括未婚先孕、年纪很轻就结婚和闪婚。为什么闪婚会导致离婚？因为两人相互之间还不是很了解，没有一个相知相伴的过程。所以，两人可以一起玩艺术，一起去娱乐，在这个过程中做到知己知彼。

要想全面了解一个人，既需要有对其外在的了解，还要有对其内部的了解。外在的了解，就是你和他一起去旅行，最好还要有两次。一次是你们单独的旅行，一次是你们跟其他人一起去旅行。一个人是怎样的人，在旅行中会不知不觉就暴露出来。内部的了解，就是你和他一起生活，就可以发现他更多不为人知的一面。

有很多女孩子在我的微信、微博上问这样的问题，说男友出去的时候不带自己，问我这是什么心理？我回答："还用讲吗？他不愿意在朋友们面前展示他怎么对待你的那一面。"如果他要向朋友宣布你是他的女朋友，他就要表现出来他作为男朋友的样子，而且是要在朋友面前表现出他的这一面。如果他不愿意在朋友面前展现这一面，就说明这个人对朋友不是很真诚，或者并不是很爱你。所以，你一定要走进他的圈子，看他是一个什么样的人，不然以后真正走到一起了，你会忽然发现一切都很糟糕。

我在做婚姻辅导时，发现有很多夫妻，他们虽然结婚很多年了，但是他们还是"最熟悉的陌生人"，总有一面或者多面没有暴露在对方面前，不能一起相处，不能一起逛街，很多年互相绕着走，没有碰到对方真实的那个部分。因为，一旦碰到，婚姻可能就会出现危机。

老子的《道德经》里有这样一句话："大曰逝，逝曰远，远曰反。"这是什么意思呢？就是说事物发展到一定程度就会离去，

关雎：爱情的科学阶段

离去就会远去，远去就会向反方向发展。这句话用在爱情过程中，也是合适的。

两个人起初谁也不认识谁，之后你看见了我，我也看见了你，我吸引你，你也吸引我。我们相互走近之后，开始发生亲密关系。在亲密关系确定之后，可能会发生一些矛盾和冲突，甚至还会分离一段日子。分离一段时日后，又重新了解，彼此认识，发现你中有我、我中有你，于是和好如初。几圈分分合合、争争吵吵下来，就谁也离不开谁了。

现实生活中，有一些人打着冠冕堂皇的旗号，说我们彼此都很宽容，我们都很尊重对方，我们要给对方空间。凡是嚷嚷着要空间的人，其实潜意识里还暴露出一种想法：千万别碰到我那个不愿意让别人碰到的部分。恋爱是一次美好的体验，既然你把自己交给了这一段爱情，就要把自己完全交出去。

元初书画大家赵孟頫的妻子曾写下一首《我侬词》，这首词充分表达了相爱着的两个人浓情蜜意、不可分开的深厚感情。整首诗如下：

《我侬词》

尔侬我侬，忒煞情多，情多处，热似火。把一块泥，捻一个尔，塑一个我，将咱两个，一齐打破，用水调和。再捻一个尔，再塑一个我。我泥中有尔，尔泥中有我。我与尔生同一个衾，死同一个椁！

这首词的创作背景是这样的：赵孟𫖯50岁时想效仿名士纳妾，又不好意思告诉妻子管道升。妻子知道后，就写下这首《我侬词》。此诗使赵孟𫖯深为内疚，终于回心转意，打消了纳妾的念头。

经过婚姻和爱情的洗礼之后，是一个全新的你，一个全新的我，你中有我，我中有你，这样的爱情才能真正地让人成长。如果你是你，我是我，那就不叫爱情了。爱情是非常美好的，完全值得去享受。

有这样一个案例，男女是异地恋，结婚后又异地工作，后来两人终于调到一个城市工作，却离婚了。为什么呢？因为他们从来没有真正在一起过，彼此没有从对方的内心世界走过。

所以，要"参差荇菜，左右采之。窈窕淑女，琴瑟友之"。不要小看一个"友"字，就是在一块儿相处，弹琴、唱歌、旅游、玩耍、交流、谈心、做事等。不完成这个阶段，你以后肯定会后悔的。

简而言之，爱情的第三个阶段，就是两个人要在一起玩，要在一起疯，彼此相识相知，相恋相伴。

爱情的第四阶段：谈婚论嫁

当恋爱一段时间后，就进入下一阶段："参差荇菜，左右芼之；窈窕淑女，钟鼓乐之。"

"芼"是"拔"的意思。女孩采荇菜时，左右拔两下就上岸了，两人不能再假托采荇菜来约会了，就开始谈婚论嫁。

关雎：爱情的科学阶段

"钟鼓乐之"，就是我要告诉全天下的人："我们要结婚了！你是我的人了！"

这里，可能有人会有疑问，既然两个人已经相恋相伴了，为何还要来采荇菜呢？这说明，女方即使很喜欢男方，也还是要矜持一点，这是关系的需要，如果女方马上就投怀送抱，也不见得有好结果。当双方都确定好彼此是合适的人之后，就开始敲锣打鼓、宣布结婚了。

"钟鼓乐之"在这里还有"契约"的意义，比办结婚证还厉害，就是一种责任担当。我下定决心，要和你相守到老，爱你就要让全世界都知道！现在，有些年轻人，想分手，又放不下；想结婚，又不想让别人知道。这其实就是不专情，三心二意。

现在，有些人会选择隐婚。有的人向我咨询隐婚好不好。隐婚就是不敢"钟鼓乐之"。不敢"钟鼓乐之"，就说明心中有贼，就是还没有下定决心。可能是迫于现实的压力、父母的压力，不得不选择结婚。这其实是对别人不负责任，更主要的还是对自己不负责任。

现在，我们回过头来看看，爱情经历了相识一段时间、相思一段时间、相伴一段时间，最后，两个人终于敲锣打鼓告诉全天下：我们要结婚了。

爱情是很神圣的，爱一个人就要大声说出来，就要辗转反侧、悠哉悠哉。我觉得没有在深夜"悠哉悠哉，辗转反侧"过的人是可怜的；没有因为得不到心爱之人而去痛哭流涕的人是可怜的；没有经历过一起开心、一起玩耍的人是可怜的。因为这些都是爱情中重要的体验。

所以,我们要向《诗经·关雎》学习怎么谈恋爱,怎么享受人生中这样重要的美好时刻。

亲爱的读者们,不知大家有没有这样的疑惑?孔子在整理《诗经》时,为何把一首爱情诗歌放在《诗经》的第一篇呢?按道理来讲,孔子一生都是比较重视礼节的,都是崇尚道与德的,把歌颂礼仪道德的诗词放在前面,应该更为妥当。但是,《诗经》中通篇没有一首诗是涉及政治的,讲的都是朴实无华的简单生活。这一点,对现在的写作者们有很大的借鉴意义。

另外,孔子很清楚,国家的治理最重要的是什么?人类的发展最重要的是什么?无非就是人之常情。什么是人之常情?男人和女人的恋爱就是最典型的人之常情。每个人都尊重自己,都能找到属于自己的爱情,也都能好好经营自己的爱情和家庭,养育好自己的后代,这样社会就会和谐,人类就会进步,国家就会安定。

所以,从这一方面来说,孔子的伟大在于他尊重人性和人情。

《关雎》反映的就是这样一种特别纯朴的男欢女爱、人之常情。当采摘荇菜的女子,发现岸边的男子对自己有意思,如果她自己没有那种想法,她第二天就不会再来采荇菜了,毕竟也不需要那么多的荇菜。可是女子第二天还是来采荇菜了,又遇到了之前见过的男子,第三天还是如此。同样地,如果男子在这里没有看到自己喜欢的女孩,他不会还来这里守候,哪里还有"悠哉悠哉,辗转反侧"的体验呢?所以,简单朴实的爱恋才是最美的真情。

关雎：爱情的科学阶段

爱情是很美好的，但是，社会上对男性的定位是"齐家治国平天下"，是干大事业的，怎么可以在小情小爱上留恋沉迷呢？怎么能想一个女人呢？这多么没有出息！其实，真正有出息的人，是尊重自己内心的人。现在很多人的行为是违背内心的。亲爱的读者朋友，无论你是未婚还是已婚，都要遵循自己的本心。能够照顾到自己本心的人，才是一个真诚的人，幸福人生自然也就离你不远了。

小结

《关雎》告诉我们，科学的恋爱分为四个阶段：首先要身心成熟，其次要相思相念，再次要恋爱相伴，最后才是谈婚论嫁。完成了这四个阶段，爱情才会幸福。我们今天来回望《关雎》，应该感到庆幸，《关雎》没有被历史穿上外衣，没有被一遍又一遍地装修，它还是那样的朴实无华，还是那样的纯真美好。